近代領航人物

心靈魔法師

卡內基

莊惠瑾　著

三民書局

主編的話

打開每個人心中的「想像盒」

　　七十多年前，法國著名作家「安東尼・聖修伯里」寫過一本廣受歡迎並流傳至今的童話——《小王子》。書中那個好奇又好問的小男孩來自外星球，他純淨的心靈和真摯的感情，一直陪伴著我們地球上一代又一代人的成長。

　　作家聖修伯里曾經為小王子畫過一個可以讓綿羊居住的盒子。而作家自己也擁有一個珍寶盒，裡面收藏著老照片、舊信件和許多小玩意兒，他常常去翻弄這個盒子，想從中尋找創作的泉源。

　　三民書局的出版團隊也有這麼一個盛滿「想像」的大盒子，裡面匯集了編輯們經年累月的經驗、心得，以及來自作者、插畫家等的好主意和新點子。多年來，這個團隊不斷為小讀者們出版優秀的人物傳記、勵志叢書等。董事長劉振強先生認為這是出版人的使命，一個好傳統一定要延續下去，讓小讀者永遠有好書可讀，而且每一套書都要精益求精，各具特色。

　　因此，當我們開始構思下一套新書的方向，如何能夠既延續傳統，又能注入不同的角度和活力，呈現出一番新的面貌，便成為我們的首要考量。

　　編輯團隊圍坐在一起，慎重的打開我們的「想像盒」，希望從盒裡累積的智慧中汲取靈感。盒內的珍寶攤滿了桌面，眼前立即出現許多引導性的話語，大家一面仔細挑選，一面漸漸理出一個脈絡。

　　「書寫近代人物，更貼近小讀者的心靈。」

　　「介紹西方人物，增強小讀者對全球人物的興趣。」

　　「撰寫某個行業或某個領域中最有代表性的人物，他們的成就

對後世有重大影響，對小讀者有正面啟發作用。」

「多用說故事的方式寫作，以增加趣味性。」

「想像盒」就這樣奇妙的為我們搭起了一個框架，編輯團隊在這個架構中找到了方向，大家興奮的為新叢書定名為「近代領航人物」系列，並決定先從介紹西方人物入手。

框架既已穩固，該添進內容了。如何選取符合條件的撰寫對象，是編輯團隊的再次挑戰。我們又打開了「想像盒」……

「叮」的一聲，盒內跳出一個 "THINK" 的牌子，大家眼前一亮，「那不是 IBM 公司創始人湯姆士‧華生的座右銘嗎？意思是要我們海闊天空的去想像，才能產生創意啊！」於是，話匣子打開了。

有人說：「我們每個人手裡都拿著手機，不需要長長的電話線連接，就能無遠弗屆的與人聯繫，但對有『無線電之父——馬可尼』之稱的這個聰明人，我們知道的並不多。」

有人說：「啊！有了，我們何不請最喜歡開飛機的聖修伯里帶大家到義大利去拜訪馬可尼呢？」

有人說：「馬可尼不是已經拍來電報，為我們安排好去巴黎看可可‧香奈兒的時裝展示會了嗎？還要去倫敦聽約翰‧藍儂的搖滾音樂演唱會哩！」

有人說：「我對時裝展示會沒有太大興趣，但是既然去了巴黎，我倒是很想去看看大文豪雨果筆下的聖母院，也許會碰見那個神祕的鐘樓怪人！」

有人說：「我希望去倫敦時，能走訪唐寧街十號，一睹英國第一位女首相，鐵娘子柴契爾夫人的丰采。」她輕輕咳嗽了一聲，接著說：「我的肺炎剛痊癒，是用了抗生素才治好的。聽說抗生素是英國

細菌學家弗萊明發現的，我也想順便彎去他在倫敦的實驗室參觀一下。」

有人附議：「那太好了，我可以在路邊書報攤買本英國大經濟學家凱因斯主編的《經濟期刊》來一讀。」

有人舉起手來，激動的說：「我原是個害羞沉默的人，自從去上了卡內基的人際關係課程後，才學到怎麼樣表達自己。我想說出我的心願，那就是去美國華盛頓的林肯紀念碑前，聆聽人權鬥士馬丁‧路德‧金恩博士精彩動人的演講〈我有一個夢想〉。再去附近的國會山莊，參加約翰‧甘迺迪的就職典禮，聽他充滿領袖魅力的經典名言，『不要問國家能為你做些什麼，要問你能為國家做些什麼。』」

有人跟著說：「我是環保和人道主義的支持者。既然我們到了美國，我想去緬因州，到環保使者瑞秋‧卡森收集海洋生物標本的海邊去走一走。也想去紐約的聯合國兒童基金會總部拜訪兒童親善大使奧黛麗‧赫本。這兩位心靈和外表都美麗的女士，一直是我最崇敬的偶像。」

看到大家點頭同意，他急忙追加：「啊，如果還能去洋基球場觀看棒球巨星貝比‧魯斯在球場啟用那天轟出的第一支全壘打，那我就太滿足了……」

編輯們彼此會心一笑，這是討論時常有的現象，抱著「想像盒」，天南地北，穿越時空。我們總嘗試以開放的思路，為「傳記」類型的叢書增添更多的新意。

這時一陣歡笑聲響起，原來是美國物理學家費曼為慶祝自己得到諾貝爾獎而開的派對。賓客中有許多知名之士，第一位登陸月球的太空人阿姆斯壯也在其中。聽說費曼正在調查挑戰者號太空梭故

障的原因，阿姆斯壯是他最好的太空顧問！費曼是位科學家，但他興趣廣泛，音樂、舞蹈樣樣精通。只見他隨著熱情洋溢的森巴舞曲，一面打著鼓，一面與現代舞創始人瑪莎・葛蘭姆翩然起舞。

「別鬧了！費曼先生。」門口走進一位胖嘟嘟，面無表情的老頭，把大家嚇了一大跳！只見他拿起手上的擴音器說了一聲「卡」，啊啊，難道他就是那位驚悚片大導演希區考克？

他嚴肅的接著說：「受世人景仰的南非自由鬥士曼德拉先生剛剛辭世。請大家起立致敬。」

我們這趟「穿越之旅」中的二十位人物即將登場，希望他們的領航故事也能開啟小讀者心中的「想像盒」，將來或可成為另一個新領域中的領航人，傳承發揚人類的智慧和文明。

在此特別感謝為小讀者說故事的作者們，除了正文之外，他們都特別增寫了一篇數百字的「後記」，提綱挈領的道出各撰寫人物對世界的影響，提供小讀者更明確的閱讀指標。同樣也感謝繪製精彩畫面的插畫家們，為使圖文搭配相得益彰，不惜數易其稿。對編輯團隊能讓叢書順利的如期出版，我心存感激。對充滿使命感、長期為小讀者做出貢獻的三民書局，我致上最高的敬意。

對您，選擇讀這套叢書，我誠懇的說聲「謝謝」。有您的支持，讓我們有信心為小讀者打造更多優良讀物。

簡宛　2013 年歲末寫於臺北

作者的話

　　與三民書局合作撰寫的童書如：《光影魔術師：與林布蘭聊天說畫》、《騎木馬的藍騎士：康丁斯基的抽象音樂畫》、《戀戀太陽花：梵谷》，都是繪畫藝術領域中各領風騷的人物。心想若有機會，也希望能為小朋友寫些藝術家以外的故事。時隔數年，這個放在心底許久的小小願望因三民的再度邀約而實現。得知戴爾・卡內基被列入「近代領航人物」的出版名單時，我毫不遲疑選擇他為撰寫對象，因為他的著作對我學習如何做人處事有極大的影響。

　　從小至今一直都與「領導」或「核心幹部」的職務結下不解之緣，也讓我在每個年齡階段均很自然的面對各種人際關係與領導能力的考驗。加上長期隻身在外求學工作的緣故，深深體會良好的人際關係是一條通往人生平坦道路的捷徑。但在競爭激烈的社會裡有誰能二十四小時隨時在旁幫忙提點自己呢？環視四周，只有擺在書架上的 *How to Win Friends & Influence People* 。每當工作遇到瓶頸時，書中的範例常是我尋求解決問題的創意來源；碰上難處理的人事問題時，它更是提供我如何與人為善，平和面對的寶典。

　　每個成功者的背後都有一個驅使他努力不懈的動力，戴爾・卡內基也不例外。貧困的家庭環境加上內向沒有安全感的個性，以成功學的先決條件來看全是負分。卡內基卻因為堅持內心深處一直想要脫離窮困的願望，設法嘗試不同行業而逐漸走出屬於自己的康莊大道。他自身的成長背景與如何奮鬥的成功歷程，毫不遜於他收錄於自己著作中的許多名人事跡。他是第一位想到用自己的演說專長和表演經驗，去幫助許久沒進過課堂又期望能快速學以致用於工作上的社會人士，並因此發展出一套融合演講技巧、行銷概念、大眾心理學的獨特教學訓練，讓每位受此訓練的學員們重燃對家庭、工

作、生命的熱忱、信心與勇氣。

卡內基曾說:「……健康的人不會去寫只有生病的人才需要的保健之道……。同理,有天生交際手腕的人也不會想寫有關『人際關係』這類的書籍。我之所以會寫這本《如何贏取友誼與影響他人》全因我個人在與人相處過程中飽受跌撞之苦,才促使我開始思索可以使受傷心靈成長茁壯的主題。……」

卡內基以「同理心」為那些身陷憂懼、缺乏勇氣者開出療癒良方,他本人也從治癒成功的激增案例數,確信自己人生的抉擇無誤。這種創造雙贏的做法,讓他一步步築夢踏實建立起影響世界千萬人的卡內基教育訓練王國,並成為人人尊敬的心靈成長教育之父。「幸運」是老天給每位奮鬥者的機會,「成功」則是祂給掌握機會並持續奮鬥者的犒賞。戴爾·卡內基做到了,相信如卡內基平凡的我們也一定可以!

莊惠瑾

　　曾任教於大學設計系所,並擔任專利審查委員。赴美定居後,先從事自由設計與翻譯寫作,後因緣際會轉入競爭激烈的商業領域。一直用惜福感恩的心穿梭於家庭、工作及公眾服務中。寫作則是自己與他人分享心靈成長的最愛。

心靈魔法師

卡內基

CONTENT

卡內基

1888～1955

Dale Carnegie

01

枝仔冰（斌）
與林老師

教室裡，數學老師正口沫橫飛的向同學們解說二元一次聯立方程式的展開過程。講臺下除了那幾個要代表班上參加數學競賽的同學們分外認真外，其他的不是在傳紙條相約下課後去漫畫店，就是悄悄收拾書包，準備鈴響後趕去上英數加強班。

斌斌邊跟著老師抄公式，邊瞄著那些說要去看漫畫的同學，看有沒有人會約他一塊去。他聽到有人提起他的名字，但很快又聽到有人說：「不要啦！」眼睛還瞟向他這頭。他知道自己已被排除在外。

「有什麼了不起！既然不找我，我就自己去。」斌斌賭氣的對自己說。

　　他不想被同學發現，刻意保持一段距離走在後面。見同學全進了漫畫店，卻開始猶豫要不要跟進去。

　　「會不會被笑是跟屁蟲？」斌斌心裡暗想，在店門口來回轉著，「算了，回家吧！」心意一改便直接回家，躲回自己房裡。

　　斌斌是個本性善良、體貼又敏感的孩子，可惜做任何事總是粗心大意，無法專心持久，一遇到挫折就容易自己生悶氣，或放棄不肯再試。他的課業成績幸有父母隨時關心協助，勉強算中上。平日對師長倒是恭敬有禮，對同學也很友善，可是不知什麼時候開始，同學們便很少找他一起團體活動。

　　被冷落的感覺讓他以為同學大概不喜歡他，久而久之，整個人變得鬱鬱寡歡，很少主動與同學們往來。偶爾有幾個同學見他總是一人在樹下坐著，好心跑來邀他一塊兒打球，他興致勃勃的加入，卻因老接不到別人傳來的球，或無法立即

反應把球傳出去，搞得大家雞飛狗跳，怨聲連連。次數多了，他怕自己變成輸球的老鼠屎，強烈的自尊交雜著自卑感，讓他決定還是退出球賽，到樹下遠遠當個觀眾就好。

一些好動頑皮的同學見斌斌常獨來獨往不太搭理人，便就著他名字的諧音取了個綽號「枝仔冰（斌）」。意指他給人的感覺就像冰棒一樣「冷吱吱」。但這綽號聽在敏感的斌斌耳裡，認為同學是意有所指的取笑他，為此他差點和同學打了起來。

這天媽媽下班回家，見他悶不吭聲一直躲在房裡，覺得一定有什麼事情困擾著這個孩子，便把他叫到客廳：「寶貝，有什麼事情讓你不開心嗎？願不願意告訴媽媽？」

一向和媽媽很親的斌斌憋了好久，突然蹦出一句：「媽──我是不是很笨？」

「你為什麼會這樣認為呢？」媽媽對斌斌的問題很訝異。

「因為我覺得自己好像什麼都做不好，您常說我長這麼大了，還時時要您操心，妹妹比我小都做得比我好。」斌斌的口氣顯得十分懊惱，「就拿在學校打球來說，同學老愛笑我的動作像是要拋繡球的女生，不知往哪裡丟。有我在的那一隊肯定輸球，我才不想當輸球的罪人。」

「所以呢？」媽媽問。

「所以就避免再跟他們玩球……」斌斌繼續說：「還記得我拉小提琴的事嗎？老師本來安排我和另外三個男生演出四重奏，幾次合練下來，老師總說我的拍子跟其他三人有衝突，最後叫我獨奏以免影響別人的演出。我當下大哭，想說自己既然拉得那麼爛，還是別再拉下去，免得丟臉。

我是勉強自己等到演奏會完畢，才跟爸爸說不想學的。還有，三年級時的班導也曾因我沒把他要求的比賽作業按規定做好，就說我不適合參加團隊比賽。您說，我是不是真如英文裡所謂的"Black Sheep⁎"那麼招人厭？」

小提琴的事，媽媽是知道的。老師雖沒說什麼，可是爸爸覺得是自己孩子的問題，不能怪老師，便和媽媽商量讓斌斌暫停學琴。三年級時的插曲，則源於斌斌沒弄懂導師的意思，把原本要參加比賽的作業格式寫錯，導致延誤交件時間，後來雖及時更正交出，但導師反應過度的責罰，使斌斌心裡蒙上一層陰影，不願回校上課，經校長出面介入才平和落幕。回想過去發生的大小事，媽媽似乎已知道原因所在了。

「所以你從此不肯再碰小提琴？不想再和同學打球？不想參加任何團隊比賽？不跟任何人打

⁎Black Sheep：英文指「無用之人」或「害群之馬」。

交道說話？」媽媽順著他的話反問他。

　　「像我這樣只會惹人嫌的笨蛋，誰會喜歡我？我真想找個只要自己一個人就可以過得很好的地方，不必在乎別人怎麼批評我，也不必因別人的話而影響我的心情。」斌斌的告白讓媽媽聽得好心疼，這孩子顯然把自己完全否定掉了。

　　幾件事情的累積，媽媽覺得已嚴重影響斌斌對人際關係的處理，她必須去學校找老師談談，看如何協助斌斌重拾個人信心。

　　隔了兩天，媽媽到學校，對著老師說：「林老師，我今天來這兒，主要是想請教您我們家斌斌開學至今在學校與同學的相處情形及課堂學習狀況。這孩子開學以來，每天總板著臉回家，一點都不開心。」憂心忡忡的媽媽坐在學生心理輔導室

的沙發上，望著斌斌的班導，同時也是這間輔導室的主任，希望能從她平日對斌斌的觀察中獲得一些答案。

「斌斌好像不太喜歡和同學互動，上課也不是很專心，像是心裡有事的樣子。」林老師邊說邊倒了一杯茶請媽媽喝，自己也坐下來。「這孩子在校的學習狀況似乎不太穩定，情緒掌控好像也不是很好，有同學私底下跟我反映說他很容易因為一些玩笑話而立刻翻臉，常弄得大家莫名其妙。」

林老師還告訴媽媽，她以前所看到的斌斌其實很有禮貌，常會主動幫忙需要的人。但最近不知為何變得異常敏感，且十分在意別人對他的評語。或許是自我要求過高，又或者是對自己沒有自信心，想以成為大家眼中的好學生、好孩子來獲得肯定。只是他的過度敏感，間接影響到同學們與他之間的互動。

媽媽聽了老師的話，雙眉緊皺，停了好一陣

子才緩緩回應：「老師，可能您還不知道，斌斌有先天注意力無法集中的問題。雖然醫師曾說他的智商很高，但這種孩子除了在學習上較辛苦外，情緒的掌控也不如

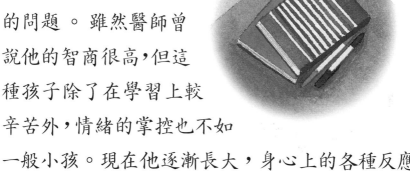

一般小孩。現在他逐漸長大，身心上的各種反應變化，常超出我們所能預期的範圍。看他這陣子悶悶不樂，心事重重的樣子，還請老師能和我們一起幫這個孩子重建自信心，改善他對人際關係的處理方式。」

　　媽媽的話和那雙企盼援助的眼神，讓林老師充分感受父母的愛子之心。身為導師，自是義無反顧，答應全力輔導斌斌在校的課業及身心發展。她也請媽媽務必與她保持密切聯繫，以隨時掌握斌斌的各項學習進展。

　　送走了斌斌的媽媽，林老師坐回辦公桌，開

始沉思該如何進行這項輔導工作……

她的目光在牆邊書架上來回搜尋，一本《如何贏取友誼與影響他人》*的書映入眼簾，腦海靈光乍現，隨即抽出這本書，邊翻心裡邊計劃著怎麼用它來幫斌斌，她相信這本書的作者戴爾・卡內基一定可以幫忙。

藉著需要更新學生資料為理由，林老師把斌斌找到輔導室。她以極輕鬆的語氣與斌斌閒聊問答，原本有點緊張拘謹的斌斌，在老師幽默親切的語調中，逐漸打開封閉許久的話匣子，他告訴老師自己從小就喜歡探索像埃及這些有幾千年歷

---

*如何贏取友誼與影響他人 (*How to Win Friends & Influence People*)：其他譯名有《人性的弱點》、《溝通與人際關係》，是卡內基的經典著作。

史的古文明，還有宗教跟科學的關係。他一直想找出人類到底是上帝創造的，還是外星人的實驗品？每個人來到這世界是不是有什麼目的？

　　老師心裡暗自驚奇這孩子的腦子裡竟裝了如此多的想法。

　　「你有沒有想過將來長大要做什麼？」

　　「有啊！我想當心理學家或醫師，可以幫人解決心理上的疑難雜症。」

　　「很棒的志向。那你自己有沒有這方面的疑難雜症呢？」老師故意問。

　　「當然有！」

　　「哦──願不願意跟老師說說看？」老師用鼓勵的眼神等著斌斌說下去。

　　「我的問題……唉──就是不知道該怎麼做，才會讓同學們喜歡我。他們說我是全班最容易冒煙（生氣）的『枝仔冰』，還是閃我這一點比較好。可是，我根本就沒有要生氣啊……」斌斌說得好無助。

「我想你聽到人家這樣說你，心裡一定覺得很冤，對不對？要不要老師幫你？」斌斌猛點頭。

老師起身從書架抽出一本書遞給他，說：「這本書叫《如何贏取友誼與影響他人》，是 20 世紀美國最偉大的心靈大師戴爾・卡內基的著作，也是我非常喜歡的一本書。它可以說是處理人際關係的《孫子兵法》*，裡面寫的行動法則，相信對你一定有所助益。先借你帶回家，看完記得與我分享你的心得。」

「呵──謝謝老師！我會的。」接過老師手中的書，斌斌起身向老師鞠躬道謝，開心離去。

一星期後，斌斌滿臉陽光，再度進到老師的辦公室。

「怎麼樣？你今天的心情看起來不錯，借你的書看完了沒？可以聽聽你的感想嗎？」老師拍

*孫子兵法：是中國古代的兵書，主要是論述各種軍事策略，對後代的軍事學影響深遠。作者為春秋末年的吳國人孫武。

拍身旁的沙發，示意斌斌坐下來說。

「老師，卡內基到底是個什麼樣的人？他怎麼那麼聰明，可以發明如此棒的方法幫助人。他的書寫得好有意思、好有智慧，已成了我用來練習處理人際關係的武功祕笈。我喜歡書裡說的『我的人緣、幸福和價值感，大部分建立在待人處世的技巧上。友誼與快樂是最有價值的東西』。」

斌斌還告訴老師，媽媽見他在看卡內基的書時，便說自己曾被公司派去上卡內基訓練課程，獲益不少。還拿出好多上課時的講義給他當補充資料，一再推薦他好好研讀。

「老師，可不可以告訴我卡內基是怎麼變成全世界都推崇的心靈大師？我問媽媽，但她叫我自己上網去找答案，可是網路上講的大同小異，都只說他小時候家裡很窮，個性很害羞，後來去上師範學校，參加演講比賽奠定他日後的事業基礎。我好想知道有關他的生命故事，他太令我好

奇了。」

「當然好！很高興
聽到你這麼喜愛這本
書，還對卡內基的個人
生平產生那麼大的興
趣。既然如此……」老
師瞄了下牆上的鐘，對

斌斌說：「現在離學校關門還有一點時間，我們就
來聊聊這位樂於幫助平凡人變成卓越人才的傳奇
人物吧！」

　　林老師講故事時，總習慣放點音樂增添氣
氛。此刻輔導室內的舒伯特小夜曲正隨著林老師
那清柔溫婉的嗓音，為戴爾・卡內基的故事奏出
序幕……

大耳朵戴爾

時間拉回到 1888 年 11 月 24 日，那個還沒有電視、電腦和手機這些 3C 產品出現的年代。

冷冽的寒風，在美國中部密蘇里州西北部的瑪麗維爾鎮盡情狂舞。已收割過的農場，早被初雪覆上厚厚的白毯，放眼望去盡是一片無際的銀白。

離小鎮東北角大約十英里遠的教堂斜對面，一間透著斑駁白漆的木造兩層樓小農舍裡，挺著大肚子的女主人正躺在自家床上，咬牙忍受肚子像要爆裂開來的陣陣疼痛，努力想讓肚裡的小寶寶趕快安全誕生到世上來。男主人也聽候助產士指令忙進忙出的，準備隨時迎接即將加入這個家庭的新生命。

農莊的男主人叫詹姆士・卡內基，女主人叫阿曼達，即將到來的寶寶則是他們的第二個小孩。

不知折騰了多久，房裡終於傳來嘹亮的嬰兒哭聲。一會兒，助產士笑咪咪的走出房門，告訴詹姆士：「卡內基先生，恭喜啊！卡內基太太生了個小男孩，母子均安。小寶寶有一對又大又厚的耳朵，可愛極了。現正在媽媽懷裡吃著奶。今天起，您多了個兒子，小克里夫頓也多了個玩伴，真是好福氣。」

「哦──太好了！感謝主的恩賜與庇佑！」

詹姆士一聽助產士說母子平安，急忙在胸前劃個十字低聲謝主，懸在心上許久的石頭總算放了下來。畢竟在鄉下地方生孩子，比不上城裡方便安全。

　　為謝謝助產士大老遠跑來接生，經濟並不寬裕的詹姆士從貼身口袋掏出幾張皺巴巴的紙鈔，仔細用手拉平整成一疊，遞到助產士手中，算是付給她的接生費用。這些鈔票可是詹姆士前二天賣了自家農場最好的乳牛換來的。

　　「不用！不用！大家都是上帝的子民，本來就應該互相幫忙。」助產士搖著雙手不願拿錢。她認識詹姆士和阿曼達好多年了，是鎮上同一教會的教友。詹姆士的大兒子克里夫頓也是她接生的，她對卡內基一家的經濟狀況十分清楚。

　　詹姆士認為大兒子出生時助產士就沒收他們的錢了，這次又怎麼好意思讓她頂著凍得發抖的大冷天跑來做白工呢？說什麼都要助產士把錢收下。

　　拗不過詹姆士的誠意，助產士只好象徵性的從那疊紙鈔中抽了面額最小的一張，算做車馬費。詹姆士過意不去，拿出原本準備在感恩節吃的火腿，外加老婆阿曼達先前親手製作的蘋果

醬，全送給助產士帶回家，說是過節的一點心意。

　　送走了助產士，詹姆士趕緊進房探視太太及小寶貝。大兒子克里夫頓早偎在媽媽的床旁，兩眼直楞楞的盯著那個滿臉皺紋，卻有一雙超大耳朵，活像小老頭的弟弟觀看許久。小克里夫頓用他那天真又略帶不解的晶亮雙眼，望著爸媽問：「你們之前說過如果我很乖，上帝就會送一個弟弟陪我玩。可為什麼弟弟一直閉眼睡覺不跟我玩？」

　　媽媽阿曼達疲憊的微笑回答：「因為弟弟剛剛用了很大的力氣，才從媽媽的肚裡鑽出來，太累需要休息呀。」

　　「那弟弟什麼時候才會醒來跟我玩？」克里夫頓不死心的再問，小手還去撥弄弟弟那對又軟又大得有趣的耳朵。「等你吃過晚飯吧！」爸爸詹姆士怕克里夫頓問個沒完，影響太太的休息，趕緊打發克里夫頓到樓下跟牧羊犬小黑玩。

　　見克里夫頓下樓去了，詹姆士轉身看著太太

及熟睡中的小兒子，滿臉不捨的說：「唉──辛苦妳了！連年收成不好，無法讓妳吃好養好，連帶讓這孩子瘦成這樣，真是對不起你們！」

阿曼達倒是很看得開的說：「我們是靠天吃飯的人，只要認真盡力，相信老天爺會幫我們的。況且環境並不能決定我們是否幸福，我們對環境的反應，才真正決定我們自己的感受。一旦能夠接受最壞的狀況，就再也沒什麼可損失的了。這以後的一切不都是『得』嗎？瞧！上帝這不又派了個小天使下凡來幫我們？」

詹姆士連連點頭稱是。他覺得自己非常幸福，有這麼一位好太太陪他一起為生活打拚。他們一起為這個上帝派來的小天使取名叫戴爾，並禱告希望他和哥哥克里夫頓健康快樂的長大。

● ☆ ● ☆ ● ☆ ●

斌斌聽得十分入神，彷彿已見到小戴爾正逐漸長大，和哥哥一塊兒在爸爸的農具間裡玩躲貓貓……

樂觀的媽媽

　　小戴爾五歲時，跟著爸媽和哥哥搬到貝迪生鎮。卡內基一家住的小鎮，緊鄰密蘇里州的 102號河。這條河流所經之處，孕育了肥沃的土壤，春暖花開時，偌大的麥田與玉米田上長滿青翠盎然的農作物，生氣勃勃的迎風搖曳。農民們低頭彎腰，辛勤的在田中耕作，只為能在這片沃土中為家人掘出一畦一畦生活的依靠。

　　只是老天爺總像要考驗這些農民的耐性似的，當田裡長出結實累累的玉米及金黃色麥穗，等著它們的主人來採收之際，祂便搶先一步傾下大量的雨水，使 102號河快速暴漲，讓夾雜著土石的黃褐色泥漿肆無忌憚的任意氾濫。

　　可憐辛苦整年的農民們束手無策，只能眼巴

巴看著原是一片璀璨金色的麥浪，瞬間變成滿目瘡痍的慘景。詹姆士‧卡內基的表情也和浩劫過後的農地一樣，嚴峻無比。

戴爾自有記憶起，每逢水災過後，便得和哥哥一起全副武裝，跟著爸媽踩在泥濘不堪的田裡，幫忙翻撿埋在爛泥堆裡還能食用的農作物，好準備過冬。

那是極其難過又無聊的工作，所幸媽媽阿曼達從未有半句怨言，照常哼著寬慰人心的讚美詩，兄弟倆也跟著她學會苦中作樂，邊唱歌邊做好所有該做的事。她樂觀積極，善於自我排憂解慮的個性，緩和了家人對三餐不繼的恐懼。

在未嫁給戴爾的爸爸之前，阿曼達曾當過鄉下學校的老師，同時是個非常虔誠的基督教徒。每逢週末上教堂做禮拜時，一定看得到她和家中的三個男生低頭跪在十字架前大聲禱告。律己甚嚴的她，當然也以同樣的道德標準教育兩兄弟。而且她也和普天下的媽媽一樣，對自己的孩子有

很大期許，總希望戴爾和克里夫頓長大後能擔任像傳教士、牧師這類的神職人員，或是作育英才的學校老師。她認為能替上帝工作是非常神聖的榮耀。

此外，她還以身作則，積極參與教會發起的濟貧活動。常從自家少得不能再少的糧食中，想法子變點東西送到孤兒院或獨居老人的家中。戴爾也說過他媽媽非常喜歡幫助人，總說助人為樂就是擺脫煩惱的良藥。這些無私付出不求回報的善舉，一直持續到她終老。

阿曼達由幫助比自己更需要幫助的人，得到自身快樂與鎮上居民對她的稱許。此外，她也常在教會裡對教友們講述她對《聖經》有關罪惡、酗酒及如何拯救靈魂方面的看法。她唱作俱佳的演講功力，深得教友們肯定，於是一致推舉她為教會的發言人。戴爾後來能成為成功的演說家，母親阿曼達可說是他的啟蒙者。

戴爾長大後曾跟他的朋友說過：「我母親是

我的偶像。在她的眼裡沒有什麼解決不了的事。
她常說：『與其為過去悲哀，不如為明天祈禱』。
意思就是要我們凡事往前看，別為已發生的事裹
足不前。可是她也有很凶很奇怪的時候。要是我
爸在農舍待的時間太長，她就緊張兮兮的嚷著，
要我們趕快去查看爸爸是不是被農舍牆上的繩子
給勒住了。」

　　「她身為衛理公會的教徒，不僅自己恪守在
那個年代的嚴格規定，也同樣要求我們不許喝
酒，十四歲前不許參加任何舞會，連玩紙牌對她
來說都是腐蝕人心的邪惡遊戲。有一次她逮到我

和哥哥玩牌，氣得一把抓起紙牌丟進火爐裡，指著我們的鼻子大罵：『身為上帝的子民，竟然如此不受教，你們可知道，我只希望你們死後的棺木是被地上鏟起的土塊所掩埋，而不是被惡魔的魔爪覆蓋⋯⋯。』老實說，玩紙牌不過是一種休閒娛樂，可是我們從小被媽媽的信仰所影響，長大至今只要玩牌就覺得有違反戒律的罪惡感。」

●　☆　●　☆　●　☆　●

「和我媽媽好像喔！」斌斌輕叫了一聲，說：「我們家雖不是基督徒，可是我媽也是熱心公益，常利用週末帶我們參加社區或慈善團體辦的愛心活動。她一直強調『施比受更有福』，又說我和妹妹是人在福中不知福，老愛嫌東嫌西。還威脅我們若不懂惜福感恩的話，乾脆送我們去非洲的孤兒院，和那些沒父母的小孩一起住。」

林老師噗哧一笑，問：「還有呢？」

「我們家也是媽媽最大，爸爸都聽媽媽的。爸爸每次出差，媽媽就對我們叨念不停，更好笑

的是，她半夜會跑到我房裡叫我起來，抓著我的肩膀一臉慎重的說：『你是家裡的長子，所謂長兄如父，意思就是要隨時準備扛起一家之責……』我本來很睏，但經她那麼一說，我都跟著害怕是不是爸爸會發生什麼事。別看我媽外表很強悍，她的喜怒哀樂時時左右我們全家人的情緒。所以我猜戴爾・卡內基雖然很崇拜他媽媽，但也覺得他媽媽沒有想像中的堅強。」斌斌認真分析自己媽媽與戴爾媽媽的相似處。

「每個人的心中多少都有恐懼存在，不同的年齡有不同的恐懼。但大部分的恐懼還是出於對自己的信心不足。此時，家人彼此間的支持就非常重要。」老師順帶補充，希望斌斌也能理解「家」的重要性。

「就拿戴爾的爸爸詹姆士來說，若沒有太太的寬容與支持，恐怕家庭破碎的悲劇早已發生，因為他的運氣只能用霉運連連來形容。」

●　☆　●　☆　●　☆　●

有一年好不容易避開水災，來個大豐收，詹姆士喜孜孜的把賣農作物掙來的錢挪出部分去買剛出生不久的小雞、小鴨、小牛、小羊、小豬等。想以自家剩的雜糧把牠們養大養肥後，再賣掉賺些利潤。

許多農家都和詹姆士打同樣的主意，全在自家農莊養了一堆家禽家畜等著賣錢。未料計畫趕不上變化，肉品市場供過於求，大家怕牲畜若沒及時賣掉，年紀過老就全沒價值，便一窩蜂競相削價求售。

這麼辛苦折騰下來，詹姆士算算總收入卻只有三十美金，可說是白忙一場。眼見種玉米、養牲畜都沒賺到錢，他又打起改養騾子，賣到田納西市場的主意。但小騾子要養到可以賣錢的大騾

子，需要三年的時間，也就是說在未賺到錢之前，他得先咬牙預虧三年。

又有一回，詹姆士用向銀行借來的錢到市場買了隻驢回來，想先做犁地之用。就在驢子的前蹄剛踩上架在門檻上的木板，老舊木板承受不住驢子的重量，瞬間「劈里啪啦」應聲斷裂，四散飛開。受到驚嚇的驢子忽然揚起兩隻前蹄，昂首長嘯，一個重心不穩歪斜倒地，木板上的一排長釘不偏不倚朝牠圓滾滾的肚子中央深深刺入，鮮血四濺。可憐的驢子哀嚎數聲，便動也不動就此一命嗚呼！

跌坐一旁還來不及反應的詹姆士，過了好一會兒才回神，不敢置信的瞪著眼前這頭意外夭折的驢子，張著嘴欲哭無淚朝天大吼：「上帝啊！您為什麼老和我過不去？什麼時候才能讓倒楣的我翻身走出困境⋯⋯」

長期被沉重家計壓得喘不過氣的詹姆士，在三百六十五天風吹、日晒、雨淋，終年無休的情

況下，健康狀況早就亮起紅燈。這時銀行又來通知，要求償還積欠二年的貸款，若逾期不還，將派員到他們家把抵押的土地不動產全數查封。詹姆士看了那張通知，發愁得吃不下任何東西，拖著病體趕到鎮上銀行請求再寬限幾天，好讓他把牲畜賣掉換錢拿來抵債。幾經懇求，銀行經理才肯答應。

　　垂頭喪氣走出銀行大門的詹姆士，隻身駕著馬車經過 102 號河流上方的鐵橋，腦中不時浮現剛才銀行經理那副鄙視不耐煩的表情，龐大的債務，和自己無力擺脫的貧困……俗話說「一毛錢可以逼死一條英雄好漢」，正是詹姆士當下的寫照。

　　望著橋下湍急的河水，詹姆士愈想愈覺得自己好苦、好無能。「何不就從橋上跳下一了百了？」輕生的念頭才萌起，一個聲音即從耳邊響起：「不論多麼艱鉅的任務，只要說服自己做得到，必能完成；若一直想著自己做不到，再簡單的事也會像是座無力攀登的山峰，遙不可及。」*

　　這是他太太阿曼達時常寬慰鼓勵他的話，詹姆士恍然頓醒，眼眶一熱，兩行清淚潸然而下。想想若不是阿曼達用信仰的力量帶給他對生活的希望，他肯定無法承受一波又一波的打擊。

---

* 不論……五句：出自卡內基語錄。

04

憂歡交織的童年

　　年復一年，卡內基家一直為生活奮鬥著。他們搬過好幾次家，最後一次是 1904 年，戴爾十六歲時，全家遷居至華倫斯堡，一個位於密蘇里州堪薩斯市南方的小鎮。

　　從戴爾懂事起，他的心老被各種莫名其妙的憂慮恐懼糾結著。教會的主日學是他最害怕去的地方，牧師的話常讓他覺得自己是十惡不赦的壞蛋，死後只能下地獄；看著樹上櫻桃熟透落地，他馬上聯想自己若被活埋該怎麼辦；見農作物歉收，他就怕肚子要吃不飽；聽到打雷下雨，他便擔心在農場工作的爸爸萬一被雷打到，就再也見不到面了；又因曾親眼目睹爸媽把大大小小染病的豬隻全數集中燒毀時，病豬發出惶恐無奈的淒

屬哀嚎，讓他好久不敢接近豬圈。只要一看到豬
寶寶生病，深怕是否豬瘟又來，小豬要被燒死……

● ☆ ● ★ ● ☆ ●

「戴爾會憂懼這麼多，是不是因為他看到爸
爸雖拚命認真工作，但家裡經濟狀況還是沒能改
善，媽媽又常拿《聖經》裡的話告誡他，若做了
不應該做的事就是罪人，死後不能去見上帝？」
斌斌問。

「窮人家的孩子多半比較早熟敏感。」老師
回答。

「他的哥哥也像他這樣嗎？」斌斌又問。

「哥哥克里夫頓與戴爾的個性南轅北轍，他
們分別遺傳了爸爸詹姆士那種一切聽天由命的宿
命論，和媽媽阿曼達篤信『成事在人』的樂觀主
義。可惜克里夫頓生性懶散被動，胸無大志又缺
乏人生目標，長大後因工作不定，收入不穩，只
能賴在父母家中當所謂的『靠爸族』。戴爾常省吃
儉用的濟助他這個哥哥，也試著鼓勵他振作起

來。偏偏克里夫頓聽不進家人的勸告，只想過著今朝有飯今朝吃的日子。後來戴爾便與克里夫頓漸行漸遠，幾乎沒什麼往來。」

老師喝了口茶，繼續說戴爾的故事。

● ☆ ● ☆ ● ☆ ●

戴爾小學時就讀的學校有個很浪漫的名稱，叫「玫瑰山學校」。雖說是學校，其實也只是一間有尖頂大門的木造房子，集合著鄰近一、二十戶農家的孩子一起學習。

從他家到學校大約有一英里（相當於 1.6 公里）的路程。鄉下小孩的父母都要忙於農事，沒法接送孩子上下學，所以小朋友大都自行走路到校。

一到冬天，沒有雪靴可穿的戴爾只能穿著唯一一雙鞋底磨

得快破的舊皮鞋，裹著一件又緊又小的厚外套，在天還灰濛一片時，就得迎著冰得刺骨的北風出門上學。看到戴爾將不合身的衣服套在他那骨瘦如柴的身上，又看到他蒼白的臉龐外加一對與頭部不成比例的大耳朵，一些頑皮的同學便給他取了個綽號叫「呆頭大耳」，還刻意編了首順口溜嘲弄他。

班上有一個叫山姆·懷特的男孩特別喜歡捉弄戴爾，有次下課時兩人因故吵了起來，戴爾自知打不過這個大個子，便用各種想得到的刻薄字眼還以顏色。山姆聽了氣得掄起拳頭要追打他，瘦小的戴爾倒是身手矯健，像隻山猴跳來跳去讓山姆苦追不著，只有惡狠狠瞪著戴爾，癟著嘴一字字的警告他：「大呆頭，你別得意太早，小心點！你那對令人看了就討厭的耳朵遲早會被我剪掉。」

原先占上風的戴爾聽後假裝不在乎，其實心裡嚇壞了，連續幾個晚

上在床上翻來覆去，縮成一團不敢睡覺，深怕他的兩隻耳朵真會在第二天早上起來就不見。

　　於是戴爾決定要讓那些老是取笑排擠他的同學知道，他不是容易被欺侮的。他不知從哪兒弄到一隻死兔子，瞞著爸媽用小桶子裝著帶到學校。他趁老師上課沒人注意他時，偷偷戴上事先準備好的口罩，再轉身將兔子扔進右後方燒著木柴的大壁爐裡。

　　隨著壁爐冒出的陣陣黑煙，一股被火燒焦的臭味瞬間瀰漫整間教室，嗆得每個正埋頭猛抄筆記的同學狂咳不止、眼淚直流，連老師也不得不暫停上課，好讓全數同學到教室外頭呼吸新鮮空氣。這一來，所有秩序全被他一個人給攪亂了。

● ☆ ● ☆ ● ☆ ●

　　「闖了這麼大的禍，老師有沒有處罰他？」斌斌覺得這個外表瘦弱的戴爾，竟把全班搞得灰頭土臉，肯定還有好戲在後頭。

　　「讓所有人在大冷天到外面吹風，老師也

沒法上課，你說該不該罰？」林老師反問。斌斌點頭同意。

● ☆ ● ☆ ● ☆ ●

戴爾此番惡作劇，不僅被老師帶去校長室訓斥一頓，寫悔過書，還通知他父母，說要讓戴爾留校打掃教室一週做為懲處。戴爾的爸媽知道兒子在學校闖了大禍，只能向校長和老師頻頻低頭致歉，表示會對兒子嚴加管教。

但經過此次事件後，同學們發現「呆頭大耳」其實是個「鬼靈精」，若再欺侮他，肯定會招來意想不到的報應，還是少惹他為妙。自此戴爾・卡內基成了玫瑰山學校的名人，再也沒有人敢向他挑釁。

寒冬過去，光禿的樹梢已悄然冒出點點綠意。頑皮的戴爾找了二、三個要好的同學，約好一起到自家附近的廢棄糧倉玩警匪大戰。幾個男生在空木屋裡追進追出，非常開心。戴爾一時興起，跑到糧倉頂樓沒有玻璃的窗口，扯著嗓門朝

外大叫：「喔——咿喔咿——喔——」想學叢林泰山，大秀騰空躍下的英姿，沒注意到窗框上的一個釘頭，正好鉤住他左手食指上的指環。

就在他鬆手跳下之際，左手食指因指環被鐵釘牢牢吃住，整個人懸在半空，痛得他哀嚎大哭，直呼救命。而指環與釘頭互相拉扯的力道，使早已腫脹發黑的指頭承受不住指環的凌遲，硬生生的從手掌中撕裂分離。

一股腦墜進乾草堆的戴爾，蜷曲著身子用右手緊緊抓住僅剩四指的左手腕，一張小臉和一對大耳朵漲得通紅。他痛得齜牙咧嘴說不出話，以為自己大概就要死了。

● ☆ ● ☆ ● ☆ ●

「後來呢？」斌斌想著戴爾手指被扯斷的痛楚，心頭一緊，全身雞皮疙瘩速起。

「與戴爾一起玩耍的小朋友們見鮮血不斷從模糊見骨的傷口冒出，都被嚇傻了。有的一個勁兒的哭，有的嚇得尿溼了褲子，還好有同學比較

機警，拔腿飛奔至戴爾家大聲呼救。」

「卡內基叔叔，不好了！戴爾的手斷了！」

正忙著準備晚餐的媽媽，與剛從農場忙完回家的爸爸，一聽兒子發生意外大為震驚，即刻丟下手邊工作跟著小朋友跑到事故現場一看，兒子已痛暈不省人事。

「怎麼會這樣？到底怎麼發生的？」爸爸詹姆士一邊抱起戴爾，一邊情急厲聲的問在場的小朋友。

「是戴爾自己跑到上面窗臺那裡，說要當泰山給我們看，結果往下跳的時候手指好像被東西鉤住，我們又沒辦法上去幫他，所以才⋯⋯」去通知戴爾爸媽的小朋友吞吞吐吐的回答。

「別那麼大聲，他們已經夠害怕了。先趕緊帶兒子回家處理傷口要緊，萬一發炎那麻煩可就更大了！」媽媽冷靜的催促爸爸動作快點。

● ☆ ● ☆ ● ☆ ●

「有帶去看醫生嗎？」斌斌好心急。

「詹姆士與阿曼達見自己兒子意外出事，自然是焦急心痛。可是日子已過得捉襟見肘的卡內基家，根本沒有多餘的錢帶戴爾去醫院急診，而且以當時的醫療技術來說，要接回斷掉的手指實在是困難重重。幸好有媽媽細心的包紮與照料，才沒讓他的傷口發炎惡化。否則就沒有未來影響全世界的戴爾‧卡內基了。」

● ☆ ● ☆ ● ☆ ●

失去左手食指，令戴爾多慮的心情更加陰鬱，整整三個月都不理人。媽媽知道他心裡難過，可是她不能坐視自己兒子小小年紀就自暴自棄，便拉他去鎮上的殘障收容所，要他看看那些四肢不全的人如何為求能自理日常生活，不放棄任何

自我訓練的機會。

戴爾明白媽媽的用心，出了收容所大門，緊緊摟著媽媽說：「謝謝您帶我來這兒。比起他們斷手斷腳的不便，我只是少掉一根手指，還有九根手指可以運用自如。我還是可以幫您和爸爸做事的。」

媽媽也緊緊抱著戴爾，慈愛的說：「孩子，當惡運襲擊我們時，何不想想快樂與痛苦只在一線之隔？與其抱怨自己的壞運氣，何不轉個念頭慶幸情況並未更糟，這樣你就不會怨天尤人了！」這一段沒有責罵沒有憐憫，只有溫馨的鼓勵，讓戴爾臉上回復許久不見的笑顏。

● ☆ ● ☆ ● ☆ ●

「他的童年一直都這麼貧困，難道沒有快樂的時候嗎？」斌斌為戴爾抱屈。

「『快樂是來自心態而非財富或成就*』，他當然也有難忘的快樂回憶與糗事。」老師回應。

「戴爾其實滿調皮、聰明的。他比哥哥克里夫頓會念書，父母從不需要操心他的學業成績。幾個和他一起走路上學的小朋友，也都很喜歡他的幽默和常常突如其來、無厘頭，卻讓人捧腹大笑的舉動。若放學得早，他會吆喝大家一塊兒到小溪邊玩家家酒。」

「玩家家酒？那不是幼稚園小孩才玩的嗎？」斌斌覺得有點幼稚可笑。

「他們玩的是『進階版』，參加的人會把學校午餐時留下的點心全拿出來彼此分享，接著聊天、唱歌，享受一個沒有課業的下午茶時光，戴爾還有個小女朋友小梅，是他同學的妹妹。他們喜歡彼此稱呼對方為『sweetheart』。」老師笑著說。

＊快樂是來自心態而非財富或成就：出自卡內基語錄。

●　☆　●　☆　●　☆　●

　　除了家家酒以外，最讓戴爾興奮的事情，就是每隔一陣子跟著爸爸到鎮上賣木柴，爸爸總會從賣木柴所賺的錢裡挑出一枚小銅板放到他手上，很豪氣對他說：「兒子，這錢給你拿去買任何你想買的東西吧！」

　　起初戴爾不敢置信的問：「真的嗎？」見爸爸重重點頭說：「是！拿著吧。」才小心翼翼握住掌心裡的小銅板，開心不已。他從未奢望有自己的零用錢，因家裡的一分一毛都是得之不易的辛苦錢。

　　為了能拿到小銅板，戴爾只要一聽爸爸說要去鎮上賣木柴，前一天一定自動拿著斧頭去幫爸爸劈柴，好讓爸爸主動開口點名要他跟著去賣

木柴。從農場到鎮上，是戴爾童年到過最遠的地方，但他很知足。

若說到他出過的糗事，也只能歸因於他的生活圈子太過狹隘、單純，沒機會接觸外界所致。有一次，兩列火車行經瓦倫斯堡時發生擦撞，附近居民奔相走告，一起去事故現場救援。爸爸聽到消息也即刻領著戴爾和克里夫頓前去幫忙。

戴爾夾在一群前來救援的叔叔伯伯之間，使勁幫著把困在火車裡的乘客一個個拉出車外。驚魂甫定的乘客們全部安靜的分散坐在鐵軌兩側，等著警察做筆錄。期間，戴爾聽到一個傷者向另一個傷者介紹自己住在賓州。

戴爾循聲望向那兩個聊天的外地人，仔細打量許久，自言自語的說：「我真笨！還以為每個地方的人都長得不一樣，搞了老半天，原來賓州人跟我們密蘇里州人的長相沒什麼差別嘛！」回到家後，戴爾向媽媽提起他的新發現，媽媽聽完笑得直不起腰，還開他玩笑說：「兒子，你若搬去賓

州成為那兒的居民，會不會忘記密蘇里州人是什麼樣子？」

　　還有一次，爸爸要他一起幫忙，把一整車肥嘟嘟的豬隻送至比他們居住的小鎮大上十幾倍的聖約瑟夫市的屠宰場。父子倆辦妥事情後，決定進到聖約瑟夫市區四處逛逛。戴爾從未到過小鎮以外的城市，這回可算是鄉巴佬進城——大開眼界。

　　一棟接一棟緊密排列的六層高樓，聳立在寬闊筆直的道路兩側。個頭矮小的戴爾站在騎樓下，抬頭望向對面像摩天輪般宏偉的大樓，覺得非常驚奇；平常連汽車都難得見到的戴爾，看著忙碌穿梭市區的交通車從他們身旁「叭——叭——」急駛而過時，忍不住吹起羨慕的口哨，真想也去感受一下坐大車的神氣勁兒。

　　逛了一天該準備趕路回家，爸爸拿出上午屠宰場主任送的免費火

車票，帶著戴爾到火車站搭上他生平第一次的火車之旅。爸爸事先告訴過他，等上了火車得要好好睡覺，養足精神，因為下車後還要再走四英里的路才能到家。

戴爾坐在車廂內雀躍的望著窗外飛馳的夕陽美景，早把爸爸剛說的話忘得一乾二淨。太陽下山換上一輪明月，火車內的乘客除了戴爾仍睜大眼睛外，其他全睡得東倒西歪鼾聲四起。漸漸的，新鮮感過了，戴爾的兩隻眼皮愈來愈重，壓得無法睜開。凌晨到站時，戴爾只能閉著眼睛任由爸爸拉著他走回家。這件事後來一直被他爸媽拿來當笑話說。

05

青春少年的綺想

　　單調的鄉村生活，局限了戴爾對外面世界的了解，卻也讓他的好奇心蠢蠢欲動。

　　已經十六歲的戴爾就像所有青春期的少年，開始對異性產生濃烈好奇與幻想。教會有新人要結婚，他就跟著媽媽去當招待，當新娘隨著結婚進行曲緩緩走向新郎時，戴爾也不自覺幻想著自己穿上新郎燕尾服，和心愛的女生站在牧師面前交換戒指，互許愛的誓言，然後再像王子公主般接受眾人的祝福，坐上有花朵與華麗流蘇裝飾的馬車，回到兩人將一起生活的農場……

　　可是現實生活中，除了媽媽和熟識的長輩阿姨外，他根本就不敢跟任何女生講話，每當感覺有女生在看他，他的雙頰就會馬上羞紅，心跳加

速。想到自己失去食指的左手與一直擺脫不了的貧困，戴爾內心除了自卑還是自卑。

●　☆　●　☆　●　☆　●

「那麼小梅呢？」斌斌記得戴爾有個小女朋友。

「小時候的玩伴不一定會一直玩在一起呀！」老師回答。

●　☆　●　☆　●　☆　●

20世紀初的美國，打字機和計算機是很普遍的文書處理工具。但戴爾一直到上了高中，才從一位外地搬來的老師那兒見到這二樣東西。

這位叫桑德的老師曾在卡內基家搬到華倫斯堡後，短暫借住過他家。戴爾喜歡到他房裡，聽他講述各地軼聞，和看看他擺在桌上的收藏品。

看著老師用十隻手指頭，在印有二十六個英文字母及數字符號的鍵盤上，像彈琴般的按下字鍵，每按一鍵就有一根白鐵鑄的字模

隔著色帶打到紙上，紙上隨即出現一排整齊有序的鉛字體。戴爾覺得這玩意兒實在太有趣了，小小一個機器竟可以打出任何想要的字，比起徒手寫字，真是方便快速又好看得多。

老師的另一個寶貝——計算機，也讓他直呼不可思議，只要把數字配上加減乘除符號就可得到想要的答案，不必像他算了半天還是有出錯的可能。

老師的東西在他眼裡不只是科技文明，更像是昂貴的玩具。可惜桑德老師只住了很短的時間就搬走，並再也沒有任何連絡。

另一個開拓戴爾視野且終身難忘的，是來自夏托夸教育文化講習會的講師們。這個文化講習會始創於 1873 年的紐約州，以夏令營的方式接受各地教會邀請，巡迴舉辦宗教、文化、科學等短期密集課程。他們也提供四年制的函授課程給在家自學的學生，若通過鑑定考試則可取得文憑。

　　這些遊走各地見多識廣的講師們，擅長將枯燥無味的課程結合娛樂活動，以淺顯易懂的語彙與學員們互動。在渴望汲取外界資訊的窮鄉僻壤，講師舌燦蓮花般的口才，猶如神靈附身、具有魔力的法師，讓現場所有聽眾相信凡參加過這些講習活動的人，未來的日子將會過得更好。

　　初時，戴爾只想湊熱鬧聽他們講些什麼。無巧不巧，當晚講師即席舉了個一位對前途茫然的鄉下窮孩子，如何堅定信念終使自己走出一片天的故事。結束時，講師對臺下人群問說：「各位在座的女士、先生們，你們猜這小男孩會是誰？」便將目光停在擠身角落，毫不起眼的戴爾身上，用一種預言式的堅定口氣說：「你們看著他吧！」戴爾的心被突然成為大家的目光焦點和掌聲鼓勵的對象而激動不已，讓他相信自己真的就是故事主角，一定可以做到如講師所言：「走出自己的一片天」。

　　高中畢業後，戴爾不負母親的期望，申請到

全額獎助金，進入密蘇里華倫斯堡州立師範學院＊就讀。剛進大學的新生們，通常都被要求住校以體驗團體生活。全校八百位新生中，只有戴爾與另外三位新鮮人選擇通勤。

● ✪ ● ✪ ● ✪ ●

「為什麼不住校呢？聽說美國小孩上了大學都喜歡搬出去住。」斌斌問。

「他雖有獎助金，但家裡還是付不起一個月三十塊美金的住宿費。加上農場的工作那麼多，

＊密蘇里華倫斯堡州立師範學院：現為密蘇里中央大學 (University of Central University)。

戴爾住在家裡，可以幫身體不好的爸爸多分擔些工作。」老師回應。

●　☆　●　☆　●　☆　●

戴爾心裡明白自己能上大學已是莫大的幸運，哪敢再奢望其他的物質生活。

每天一早，他騎著馬進城到學校上課。下課回到家匆匆吃過晚飯，就得套上工作服和膠鞋先到牛棚去擠牛奶，接著砍柴和拎一桶桶的廚餘到豬圈餵豬。把例行工作做完後，才能坐下點亮書桌上的煤油燈開始讀書。

戴爾的爸爸要求戴爾得負責照料剛出生的豬寶寶們，讓牠們健康長大後可賣個好價錢。在天寒地凍的二月天裡，為怕小豬們凍死，他們用麻布袋在廚房灶口後面做了個小豬窩，好把剛出生的豬寶寶集中照顧。戴爾每晚睡前得先將小豬們裝在桶裡，帶到豬圈讓豬媽媽餵奶，等豬寶寶吃飽了再帶回廚房角落給牠們蓋上麻布袋保暖。

凌晨三點鬧鐘一響，不管多冷，他都得咬著

牙穿衣下床，再拎著桶內那群肚子又餓了的豬寶寶回到豬圈找豬媽媽吃奶，弄好後才又回到房間鑽進被窩補眠。六點，鬧鐘又再度響起時，戴爾已沒得睡，必須乖乖起床梳洗去溫習他最頭痛的拉丁文。

卡內基家常因農作物歉收而不得不靠借錢過日，一有收入總先拿去還債，全家一起外出度假對他而言是個天方夜譚。除了上學外，兩兄弟大多數時間都是待在農場幫爸媽分擔永遠做不完的雜務。

從小到大，戴爾和哥哥上學所穿的衣服不是媽媽把爸爸穿過的衣服拆開重新裁剪縫製而成，就是已連穿好幾年洗得泛白的「緊身衣」。已上了大學的戴爾仍常因一身不合時宜的衣服遭受同學嘲笑。

他已不再像小學時會用死兔子去警告那些想欺負他的人，這些年他早學會裝做沒聽見或毫不在意了。可是就有那種無聊愛搗蛋的同學在老師

點名戴爾上臺解題時，悄悄把一朵玫瑰花插到他的破夾克裂縫中，旁邊還貼了張畫有一顆大紅心的紙條，上面寫著 「傑克先生，我愛你」。

　　在英語中，傑克跟夾克發音相似。突然爆出的哄堂大笑，讓正起身朝黑板走去的戴爾，臉上一陣紅一陣白十分難堪，即使只面對黑板，腦子裡卻是一片空白，完全沒法專心做答。

　　回到家中，戴爾向媽媽提起此事，媽媽聽到自己的兒子被人如此嘲弄也很揪心，在眼下未有能力改善生活狀況前，只能撫著戴爾的頭安慰他說：「孩子，別難過。今年秋收後一定想法子幫你買套新衣服穿。但是在這之前，你何不先想想辦法讓他們因佩服你而尊敬你呢？當你手上只有一個酸檸檬時，何不設法將它作成可口的檸檬

汁？*」

戴爾心裡清楚，以家裡目前的經濟狀況，要買新衣是不可能的。倒是媽媽對他說「何不想辦法讓自己被同學尊敬佩服」的一番話如醍醐灌頂般點醒了他，讓他開始認真面對自己心中長久以來被貧窮困擾的自卑感。

其實他內心也常想起夏托夸教育文化講習會的講師在教會講演的那一幕，不時反問自己：難道我要一輩子過這種窮不見天日的生活嗎？不！我要出頭。我要讓那些看不起或笑話我的人對我刮目相看！

衣服事件之外，還有一個讓戴爾感覺很受傷的導火線，是情竇初開的他，喜歡上一位名叫佩西，在學校很出風頭的女孩子。佩西和所有新生一樣均住在學校的宿舍，每次看到戴爾騎馬到校

---

*當你⋯⋯二句：摘自美國百貨大亨朱利亞斯‧羅森華 (Julius Rosenwald) 之名言。

總會對他親切的揮手打招呼，直說他騎馬的樣子好帥。

　　向來只有幻想，卻不敢真想會有女生喜歡自己的戴爾，每見到佩西朝他甜甜一笑時，心中就湧起莫名的幸福甜蜜，猜想佩西是不是也對他有意思。

　　「心動不如馬上行動！」戴爾覺得自己一直胡思亂想不是辦法，決定將自己的心意傳達給佩西。

06

化失敗為力量

下課鈴一響，同學紛紛起身離開教室，戴爾緊跟著佩西步出教室，到走廊外叫住她：「嗨！佩西，等一下。」

正與同學們一起有說有笑的佩西，停下腳步轉頭望向戴爾，同行的女同學也跟著看這個楞頭大耳的土男生想做什麼。

戴爾被那麼多隻眼睛盯得渾身很不自在，結結巴巴的朝佩西小聲說：「妳……能不能……過來一下？我……有話跟妳說。」佩西走向戴爾，等著聽他想說什麼。

「我……想……妳可能對我騎的那匹馬有興趣，要不要趁這個週末一起騎著牠到郊外走走？我可以到妳的宿舍來接妳。我的這匹馬兒非常溫

馴聽話，況且有我在，妳不必擔心會摔下來……」
戴爾雖刻意壓低聲音，只想對佩西一人說，一旁
的女同學們瞧著戴爾的緊張樣，全咯咯笑個不
停，使戴爾的臉更紅了。

佩西聽他說完便想也不想的回答：「謝謝你
的好意！我對騎馬，尤其和別人共騎一匹，沒有
興趣。你還是找別的女孩去吧！」隨之長髮一揚，
轉身和其他女生繼續說笑著，朝另一間上課教室
走去。

被當面拒絕的戴爾，一臉尷尬的怔怔看著這
群女生的身影，直到她們消失在走廊轉角，才回
過神在心裡大罵自己：「真是蠢蛋，自討沒趣！」

第一次約女生就吃閉門羹，使他的心情十分
鬱悶，騎馬回家的路上，他暗下決心，總有一天
要讓這個拒絕與他約會的女孩對他刮目相看！

一般大學的風雲人物都是運動健將，但戴爾
自知運動不是他的強項，要想在師範學院出名的
話，參加演講或辯論比賽是最佳途徑，凡優勝者

都被大家冠以「智慧英雄」的名號而崇拜著。

　　回想從小跟著父母上教會做禮拜，看著媽媽在教堂內口若懸河的向信徒們分享主日學心得的記憶，加上自己也曾在媽媽半鼓勵半強迫下多次上臺演講，還有高中時的舞臺劇經驗，戴爾自認臺上的他說起話來比臺下的他更具魅力且活潑熱情。

　　衝著這份信心，他跑去報名參加演講比賽，想為自己打開知名度。但要贏得校際比賽，並非如他所想的那麼簡單。按規定，他得先由社團的初賽開始，取得代表資格才能參加校際比賽。

　　最初，他信心滿滿加入社團，以為自己的演說實力，應足以輕易取得比賽資格，再和其他選手一較高下。未料首度嘗試便遭受挫敗，且接連十二次比賽全部敗陣收場。屢戰屢敗至後來幾乎擊垮

他所有的信心。

　　萬念俱灰的戴爾雖沒真的拿槍或其他足以致命的東西傷害自己，可是確實曾興起這樣的念頭。他害怕自己未來的人生會隨著父母腳步留在農場，過一輩子沒日沒夜、辛苦勞累卻還是吃不飽、餓不死的生活。

　　●　☆　●　☆　●　☆　●

　　「然後呢？」斌斌為戴爾參加十二次演講比賽全數失敗而惋惜。心想，若換成自己，搞不好連第二次都不願再參加。

　　●　☆　●　☆　●　☆　●

　　歷經那麼多次失敗，戴爾靜下心自我反省。他想：「本就一無所有的我，若不振作重新出發直到戰勝為止，我的人生恐怕將要真的永遠留在這鄉下農場中。」他記起高中時住在他家的桑德老師說過：「如果你一心嚮往的事尚未成功，千萬不要就此放棄，要勇於接受挫折再嘗試其他的辦法。」*

　　於是接下來的每個夜晚，戴爾做完家裡的工作後，便挪出一部分念書的時間，專注背誦林肯總統與著名戰地記者兼作家理查‧哈丁‧戴維斯所說過的一些膾炙人口的名言。再利用次日騎馬上下學途中，把前晚背過的東西用各種慷慨激昂的語氣反覆練習大聲說出。

　　馬背上的戴爾想像自己是即將帶兵打仗的將軍，正在對士兵們發表激勵士氣的戰前演說。抑揚頓挫加上中氣十足的聲音，一波波迴盪在空曠的玉米田間，只要能一股作氣毫無差錯的說完，他就有不可言喻的成就感。

　　為求成功，他時常以林肯名言「我要努力研究，作好準備，靜候機會來臨」提醒自己。一年後，他的努力終於獲得回報。戴爾以理查‧哈丁‧戴維斯的〈薩帕塔的演說家男孩〉及林肯總統的〈蓋茨堡宣言〉一舉贏得校際演說比賽冠軍。

＊如果……三句：出自卡內基語錄。

這次的獲勝，更為他奠定日後從事公眾演說事業的基石。

● ☆ ● ☆ ● ☆ ●

「哇！總算贏了，這下別人應該不會再看扁他了吧！」斌斌聽老師說到這裡，替戴爾·卡內基的獲勝感到高興。

「他還打破師範學院創校紀錄，成為首位贏得校際冠軍寶座的男生。在他之前的冠軍都是女生包辦。所以，只要有心，『機會永遠留給已經準備好的人』。」老師意有所指的對斌斌說。

斌斌靦腆的笑了笑，知道老師是在鼓勵他。不知為何，戴爾的故事發展緊緊牽動著他的情緒起伏。他覺得自己若和戴爾生在同一時期，兩人應該可以成為超麻吉的好友。

　　儘管老師辦公室牆上的時鐘已指向五點半，斌斌仍捨不得起身離開，兩眼亮晶晶的盼著老師往下說。

　　林老師不想讓他太晚回家，免得家裡掛念，便提議：「時間不早了。我想，今天就先說到這兒，明天你再到辦公室來，我們繼續聊好嗎？戴爾・卡內基的奮鬥過程還有許多精彩之處，不是三言兩語就說得完的。」斌斌雖意猶未盡，但也只能向老師告辭，明天再續。

向偶像看齊

斌斌回到家，正趕上吃晚飯的時間，媽媽還在廚房忙著燒菜。往常這個時候斌斌到家都會立刻鑽回房間，不到媽媽喊：「吃飯囉！」是不會走出房門的。

今天，他放下書包後，主動到廚房問媽媽有什麼是他可以幫忙的。媽媽有點受寵若驚的回答：「那麼請你先去把碗筷擺好，再將煮好的菜端出去；順便再去隔壁鄰居家叫妹妹回來吃飯好嗎？」

斌斌很爽快應聲說：「沒問題！我待會兒就去叫她回家。」

媽媽聽到兒子的回答，嘴角揚起欣慰的微笑，心想林老師今天跟斌斌的談話可能起了某些

作用。

餐桌上雖因爸爸出差，只有媽媽、斌斌和妹妹三人，不過氣氛異於往常的熱鬧。斌斌的話題不斷，全是有關林老師在下午告訴他的戴爾‧卡內基故事，連妹妹也聽得津津有味。

吃過晚飯後，本應回房做功課的斌斌，主動向媽媽表示要幫忙擦桌子洗碗筷，但他其實是有話想對媽媽說。

「有事嗎？」媽媽似乎已看出他的心思，便先開口詢問。

斌斌心裡一驚：「不愧是老媽，一下就看出我有事要找她講。」便說：「媽……我在想……如果我去參加學校一年一度的音樂劇甄選，不知會不會選上？」

媽媽聽得出他想參與音樂劇的演出，可是一想到斌斌注意力難以集中和容易情緒失控的問題，便不加思索的回答：「我知道你喜歡唱歌，但你什麼時候喜歡上舞臺表演的？你有時間嗎？平

時功課都常做到晚上十一、二點的人，若再參加
這種需要很多時間練習的活動，那麼學校的考試
不就都完蛋了？」自顧自說了一長串，見斌斌原
本一張笑臉突然垮下，才有所警覺趕緊住口。

　　難得兒子今天開開心心的幫做不少事，實在
不應在這當下潑他冷水。媽媽趕緊換個口氣告訴
他，參加舞臺劇一事得和爸爸商量再說，好言打
發斌斌回房做功課。

　　回到房裡的斌斌根本無法定下心來寫功課。
因為聽卡內基的故事而激發出的一股熱情，被媽
媽那幾句「功課都常做到晚上十一、二點的人，
若再參加這種需要很多時間練習的活動，那學校

的考試不就都完蛋了？」全數澆熄。

　　他知道爸媽對他學業上的表現一向不甚滿意，也不太相信他有能力爭取到演出機會，所以不是很贊成他去。其實他很喜歡那種站在舞臺上被眾人關注的感覺，不管是什麼活動或場合，能被別人注意或成為讚美的對象，對自卑、沒信心的斌斌來說有一種說不出的喜悅與肯定。他真的很想效法戴爾・卡內基勇敢追求自己的理想。

　　也許是滿腦子的卡內基故事，以及與媽媽的對話交雜於心，斌斌躺在床上輾轉一夜難以入眠。隔天放學後，他略帶倦容的走進林老師的辦公室。

　　媽媽一早已與老師通過電話告知昨晚的事，林老師見斌斌面無表情的樣子，即已了然於心，招手叫他坐下，並遞了一塊巧克力請他吃。巧克力甜中帶苦的滋味很快在口中化開，斌斌的精神與心情好像也隨之輕快許多。他不等老師開口便直接問：「老師，您說戴爾・卡內基創下學校第一

個男生贏得演講比賽的紀錄而
聲名大噪，那麼他的功課
到底好不好？」

　　斌斌內心一直有
個大問號，到底什麼樣
的成功才是真正的成
功？戴爾贏了比賽應算
是成功，但如果他的功課
不好的話，別人會因此而貶低他嗎？他的爸媽比
較在乎他拿學業上的第一名，還是其他比賽的冠
軍？想到媽媽說凡事應先以功課為重的說法，斌
斌對自己要不要去參加音樂劇的甄選十分猶豫。

　　「呵，你問到一個很有趣的問題。照理說，
戴爾‧卡內基後來能被封為『成人教育之父』，他
在師範學校的成績應該十分出色才是，但很多人
可能不知道，他的大學並沒有畢業。」

　　「啊？他的大學沒有念畢業？他的爸媽不會
生氣失望嗎？」斌斌頗為詫異，戴爾竟非想像中

的讀書高手。

「當然會遺憾呀！這麼辛苦栽培的兒子竟沒法在畢業典禮中戴上學士帽。不過，他們也了解孩子的人生應由他們自己去掌握，而非由父母主導。記不記得我昨天提過戴爾一家對宗教的虔誠信仰？他的父母靠宗教的力量說服自己放手讓孩子去做他想做的事。當然，必需是正當的事才可以被接受。」

老師又說：「讀書是為累積你們的知識，培養對事物的認知判斷力。成績則只是用來評估你們的學習效果，並非用來論斷一個人的成功與否。但你會發現那些成功的人都是樂於參與競爭的遊戲，他們不斷去爭取各種可以表達自己、超越自我的機會，用以證明自身存在的價值。這種『超越』和得到『成就感』的欲望，讓他們欲罷不能的持續下去。」

「老師，我也想爭取這種可以表達自己與戰勝自己的機會。」斌斌忍不住衝口說出自己想參

加學校音樂劇的願望，「可是我不知道是否做得到……而且媽媽似乎不怎麼支持我的想法，她和爸爸都希望我多花點時間在功課上。」

老師用鼓勵的口吻回答他：「你只要知道，不管做什麼事，一個懂得把握眼前機會的人，十之八九是可以成功的；而一個會想法子為自己創造機會的人，也肯定不會失敗。」*

● ☆ ● ☆ ● ☆ ●

戴爾‧卡內基一戰成名後，不僅全校皆知，各社團競相請他演講，也如願成為學生會的靈魂人物。他不單自己抱走辯論比賽的冠軍獎盃，連他訓練的幾位學弟妹也都分別獲得各級男子組演講冠軍及女子組朗讀比賽優勝。

昔日那個走在校園沒有人會多看一眼的自卑窮學生，現在成了受人追捧的「智慧英雄」；以前拒絕與他一起騎馬的佩西，和在課堂上曾嘲笑捉

---

*一個……四句：出自卡內基語錄。

弄他的男同學，也因戴爾的表現而自動向他靠攏
示好。不僅如此，只要教務處一公布戴爾的實習
課程表，便有一大群低年級女學生搶著登記上他
的實習課。戴爾的努力，無疑得到全校師生的肯
定。他也替自己拿到了足以離開鄉下農場，外出
打拚的能力證明。

1908 年，美國的經濟發展呈現兩極化，貧富
差距日趨明顯。那些靠農牧為生的產業，因不曾
停止的旱澇天災與牲畜疾病而苟延殘喘著；反觀
工商業界，則是一片欣欣向榮，「錢」程似錦。

工業革命加速經濟巨
輪的轉動，福特製造
的汽車已在市場
賣出數十萬臺；
愛迪生發明的
電燈也取代煤
氣燈，照亮入夜
後的千家萬戶；有

車有燈的人家，儼然成為摩登家庭的代表。百貨公司、連鎖超商、照相館、保險業……這些在我們日常生活熟悉得不能再熟悉的服務業，於一百多年前才剛如雨後春筍般接連冒出。

那時沒有電腦可上網搜尋廠商的資訊，或提供網路行銷服務，所以需要大量的業務銷售人員挨家挨戶的招攬生意。對鄉下長大的戴爾來說，外面世界的變化他不是很清楚，只是某次他碰巧在校園內遇到班上同學法蘭克，兩人聊到彼此對即將踏出校門後的計畫時，法蘭克問他：「這學期過完咱們就畢業了，你有什麼想法？」

「看樣子我是拿不到畢業證書了！」戴爾一邊幽幽的回答，一邊和迎面而來的熟人點頭打招呼。

「怎麼會呢？你是全校演講、辯論、朗讀比賽的優勝紀錄保持人，又是學弟妹的超級偶像，大家私下都說畢業典禮當天，肯定又是你最拉風，還猜應已有不少學校排隊送聘書請你去他們

的學校任教呢！」法蘭克聽到戴
爾說自己可能畢不了業，感
到十分詫異。

　　「嘿嘿——謝謝你們
如此看得起我，我也希望
真如你們所說的那樣風光。
我本來想順利拿到學位後，
如全家人所願，去當個受人尊敬的
老師。偏偏這該死的拉丁文像跟我有仇似的，任
憑我怎麼下苦功讀它，都無法使它留在我腦海
裡。從大一開始，我就一直在補考、重修中徘徊。
那位教拉丁文的教授也曾跟我說，他很希望能幫
我，但如果畢業考的補考分數仍不及格，還是無
法讓我過關。你知道必修學分若沒拿到的話是畢
不了業，充其量只能算是肄業。」戴爾無奈的說，
接著又問法蘭克有何規劃。

　　「暑假期間，一位朋友介紹我到丹佛市的一
家國際函授學校當業務員，幫忙銷售它們的課

程，因為佣金給得非常好，單一個星期就可以有二十美金的進帳，所以我想畢業後結合自己師範學院的背景，去做全職的課程推廣業務員。」法蘭克胸有成竹的說著自己的計畫。

戴爾一聽法蘭克只要工作五天，就可掙到相當於他老爸得每天辛勤幹活至少一個月才有可能掙到的收入時，濃烈的錢味就像美味佳餚般陣陣吸引著戴爾。

忍不住對錢的渴望，戴爾立即停下腳步，盯著法蘭克說：「親愛的好同學，這麼好的差事可否也介紹給我？你知道我家的經濟狀況一向不好，眼看我拿不到學位當不成老師，實在愧對辛苦栽培我的父母。如果我也能像你一樣掙那麼多錢的話，起碼可以幫忙改善家裡的生活，讓他們不要那麼辛苦。」

08
初入社會

　　戴爾的父母非常保守，對於兒子沒有達到他們最初讓他進大學的目的，多少有些失望。所以當戴爾向他們提出想要出外闖天下時，爸爸詹姆士既不贊成也不反對；媽媽阿曼達雖捨不得寶貝兒子離開她，卻也了解該是放手的時候。

　　於是在同學的介紹下，戴爾拎著簡單的行李隻身前往丹佛市，憑其在學校期間練就的好口才，很順利的拿到踏出校門後的第一份工作——擔任國際函授學校的業務員。公司告訴他只要好好幹，高額佣金等著他來領。很快的，他領到起碼可以支付每天兩美金生活費的佣金收入。

　　只是身為業務員，必需四處不斷開發新客戶才有收入進帳。公司美其名要給新進人員多些練

習的機會，所以分給戴爾負責的業務區域散布在各地鄉鎮。每天挨家挨戶去敲門推銷已是非常吃力的事，他還要自行負擔往返各地之間的所有交通費用。

住在郊區的居民，對自修課程不是很有概念，也不像居住都市裡的人們急於吸取新知。戴爾曾為了要賣課程給一位專修電線電纜的工人，三天兩頭就到那名工人工作的電線杆下，仰著頭，以近乎咆哮的音量，大聲向工人推銷函授課程的好處。

本就對讀書興趣缺缺的工人，毫不理會戴爾的賣力推銷，後來看在戴爾那股鍥而不捨的傻勁，才勉強答應向他訂購一套有關電機工程方面的課程。

戴爾拿著費了九牛二虎之力才到手的訂購合同，飛奔回辦公室向主管領取業績獎金，但愈想愈覺划不來。原是期望如同學法蘭克所言，一星期就可賺到二十美金，可是他對下一個會買函授

課程的客戶在哪兒仍茫然不知。

　　「如果法蘭克沒吹牛的話，為什麼他能賺到那麼多錢，而我卻不行呢？」戴爾苦思著究竟是老天爺不想讓他當業務員，還是自己在哪個銷售環節出錯了。

　　一次偶然的機會中，他與一位任職於國際餅乾公司經驗老道的資深業務員聊到賣課程的甘苦談時，這位賣餅乾的老前輩拍拍戴爾的肩膀，以過來人的語氣說：「小伙子，既然都是花時間精力賣東西，你何不去賣那種在日常生活就需要用到的產品？就以我賣的餅乾、小點心為例，這些都是一般商家必進的貨品。我只要每個月固定去拜訪幾家店，先設法找個話題，讓老闆有興趣和我一起坐下來，邊喝咖啡邊聊天。待混熟後，將話題轉到貨源上時，就可以伺機向他推銷自家商品，只要老闆點頭願意在他店裡試賣，我就趕緊把訂貨單拿出來，幫店家勾選所需的項目和數量。如此三兩下就可把訂單搞定帶回公司交差等

著領錢……。」

　　聽前輩說得如此輕鬆，再摸摸早已空空如也的口袋，戴爾浮起以前跟著爸爸去聖約瑟夫賣豬肉的記憶，暗暗想著：「我何不去肉品加工廠找工作？肉品生意我多少懂一些，總比現在賣不出任何課程等著餓肚子要強得多！」心意一定，便向公司遞出辭呈，起程前往遠在五百英里外的奧馬哈市*。

●　☆　●　☆　●　☆　●

　　「戴爾不是口袋沒錢？他怎麼去那麼遠的地方？」斌斌問。

　　「是啊！付清房租後，剩下的錢只夠他自己吃一頓飯而已。」老師接著說：「但他執著的想著：『只要你深信自己作的是對的，就不要讓任何事拖累你』*。」

---

*奧馬哈市 (Omaha)：是內布拉斯加州擁有最多牲畜飼養場的城市。

*只要……二句：出自卡內基語錄。

● ☆ ● ☆ ● ☆ ●

　　戴爾記得兒時曾看過一些臨時工為賺取微薄的工資，跟著農場運送牲畜的板車，沿途幫忙照料餵食，便想如法炮製，換取搭便車去奧馬哈市的機會。

　　他以臨時工身分問了幾家畜牧場，表示自己願意跟著司機押車運送牛隻，只要讓他搭便車到奧馬哈市。這些畜牧場主看他一付業務員的裝扮，十分懷疑這個身形瘦弱的年輕人是否熬得住得與牛隻同車一路顛簸的照料工作。勢在必得的戴爾使出渾身解數，終於向一個正要發車的養牛大戶爭取到立即上工的機會。

　　他走向擠滿牛隻的貨車，行李往車上一丟，人也跟著跳進充滿「哞——哞——」叫聲的牛堆中，隨著貨車引擎發動，毫不留戀的朝向一個不可預知的未來徐徐前進。心中雖沒有明確的把握可立即找到工作或晚上可以過夜的地方，戴爾卻樂觀的相信，一定會有好運等著他。

09
超級業務員

　　與牛群一路相伴至目的地後，戴爾向人打聽位在南奧馬哈市的最大肉品商——亞默公司的總部所在地，隨即迅速換上乾淨的襯衫，套上領結，將頭髮梳理整齊，穿好唯一的西裝外套，擦亮腳上的皮鞋，再把嘴角揚起，露出微笑，昂首闊步朝前去。一個小時後，他拿到了工作！

　　「太好了！工作有著落，連帶住處也一併解決。」戴爾按捺不住欣喜的心情，三步併兩步，跳著走出亞默公司大門。按照公司新進人員需住在員工宿舍受訓一個月的規定，立即辦好手續，搬入公司的員工宿舍。

　　一放下行李，戴爾便拿出紙筆寫信回家，向爸媽報告自己換新工作的好消息。信中提到公司

會付給他週薪 17.31 美金，外加食宿交通費用。目前已搬進公司宿舍，即日開始受訓。

幾天後，他收到爸爸詹姆士的回信，一面替兒子高興找到待遇很好的工作；一面也老實不客氣的提出質疑如此高的薪水能否一直持續。

● ☆ ● ☆ ● ☆ ●

「那麼高的薪水就意味要付出的更多，不是嗎？」斌斌回答戴爾爸爸的質疑。

「你說的沒錯，天下沒有白吃的午餐！」老師回應。

● ☆ ● ☆ ● ☆ ●

戴爾受訓期滿，公司派給他的首件業務是，設法把產品打進達科塔州西邊的城鎮。南達科塔州本就以畜牧及肉品加工聞名，要如何讓當地店家願意把貨源訂單轉到位於內布拉斯加州奧瑪哈市的亞默公司，是戴爾的一大挑戰。

他每天起早趕晚，換搭火車、貨運卡車、驛馬車……各種不同的交通工具，風塵僕僕在偌大

的達科塔州境內四處造訪。公車到不了的地方，就乾脆以馬代步，踏遍每個鄉鎮角落，不放棄任何一家對他而言都有可能是未來重要客戶的中盤商或零售商。

他記得那位賣餅乾的推銷員前輩曾告訴他，要賣產品前得先想法子和客戶成為朋友的話。於是每次推門進入新客戶的店裡時，他從不急著掏出公司產品目錄給老闆看，而從天氣、收成這類民生話題切入，再聊到自己小時候在密蘇里鄉下農場長大的經驗，很自然的讓買家對他產生一種「同是自家人」的親切感。

相談甚歡之餘，再見機把「自己工作的亞默公司是專事生產高品質的培根、豬油、肥皂等產品」的主題順著談話內容介紹給店家老闆。

見老闆願意聽下去，戴爾就繼續說：「也許您會問：『我們向本地進貨就可以了，幹嘛捨近求遠向亞默買？』其實理由很簡單：亞默有最棒的銷售服務與高品質、價格穩定的貨源；我們公司為

確保各種肉品的質量，在運送過程中一定使用冰塊冷藏保鮮，另外還提供大批桶裝或切割分裝的選項服務，方便顧客做中盤批發或零售販賣；同時，最重要的一點，就是『交貨準時』，保證讓您稱心滿意！」

那些看盡銷售員滿口油腔滑調，只想訂單卻不敢提供任何售後保障的店家老闆，被戴爾的積極、熱忱與總是笑咪咪的誠懇態度打動，紛紛向他下單訂貨。

戴爾認真打拚的態度和日漸成熟的銷售技巧，不單刷新了亞默公司在該區域的營業金額，自己也從被人等著看笑話的新進菜鳥，躍升為業績排名第一的超級業務員。

他的上司哈里斯很欣賞這位吃苦耐

勞的年輕人，特地把他召回公司總部對他說：「公司對你的業績表現非常滿意。為獎勵你，我們決定調升你為業務經理。恭喜你！」

戴爾聽到哈里斯十分肯定他的工作表現，心裡雖然很高興，但仍只淡淡的回答：「謝謝哈里斯先生的誇獎及公司對我的器重！不過，我的經驗尚淺，實在不足以擔任經理這項責任重大的職務。」戴爾謙遜的婉拒上司欲給他的新職銜。

● ☆ ● ☆ ● ☆ ●

「他幹嘛要拒絕當經理？這麼認真拚命不就是想要多賺些錢擺脫窮困？」斌斌十分不解。

林老師解釋：「『經理』一職雖很吸引他，他自己卻一直想找機會到美國東岸的大都市去闖闖。」

● ☆ ● ☆ ● ☆ ●

戴爾在達科塔州境內搭火車做例行客戶拜訪時，曾和自稱寫了許多劇本，指導過不少知名演員演戲的劇作家羅素比鄰而坐。本是陌生的兩人

很快就聊了開來，戴爾對羅素的職業十分感興趣，刻意向他透露自己從小即對表演有許多的憧憬與抱負。

羅素聽了很熱心的告訴他：「若真想走這一行，就去紐約吧，只有那兒才可以讓你獲得你想要的一切。」

戴爾一直把這番話放在心上。幾經考慮，決定放棄已到手的一切福利，遞出人生的第二份辭呈，再次拎起行李，走進每天都去報到的火車站售票口，很篤定的向售票員丟了一句：「到紐約的單程票一張。」

10

明星夢碎

　　火車從美國中西部的奧哈馬市，一路搖晃到東岸最大城的紐約中央車站，戴爾・卡內基的人生也跟著從單純的鄉下城鎮，轉戰至繁華的大都會。

　　站在人聲鼎沸、步調匆忙的車站大廳，他張眼四望這座大如深宮的摩登建築，深吸一大口氣舒緩忐忑不定的心緒，再用手指當梳子順了順被呢帽壓扁的頭髮，拍拍因久坐而弄皺的褲管，收起鄉下人的慢條斯理，挺直腰桿快步走向旅客服務中心打聽美國戲劇藝術學院怎麼走。

　　這所坐落於紐約麥迪遜大道的私立美國戲劇藝術學院*自 1886 年成立至今，一直是美國奧斯卡金像獎、艾美獎及東尼獎等三大獎項得獎人的

搖籃，為演藝界培育出無數優秀的演員、編劇和導演。前後共有九十六位奧斯卡、二百四十五位艾美獎和八十六位東尼獎得主，被喻為世界第一流培養專業演員的表演學校。

創辦人麥卡伊一生致力提倡「真誠、自然、率性不矯揉造作」的表演技巧，他要求來上課的學生，都要以貼近真實人物生活的說話語氣與肢體動作，來重新詮釋舞臺上的各種角色。此種崇尚自然的教學理論，對整個新生代的男女演員產生極大的影響力。有些表現出色的學生，會被麥卡伊留下聘任為助教或老師，其中之一的得意門生法蘭克林‧沙捷特後來更成為他的接班人，擔任學校校長，也就是決定戴爾是否能進入這間學校的關鍵人物。

和一堆心懷明星美夢的年輕男女共同坐在表

＊美國戲劇藝術學院（American Academy of Dramatic Arts，簡稱 AADA）：
該校在東岸紐約及西岸洛杉磯均設有校區。

演教室外，等候參加由沙捷特親自參與入學面試的戴爾，耳邊聽到的盡是他們對麥卡伊的崇拜和對演藝事業的嚮往。

戴爾心想這些人顯然都是有備而來，再想想自己除了做過業務員外，說得出口的，唯有曾在高中和教會舉辦的舞臺劇中客串演出，不知待會兒輪到自己時能不能順利過關。

「管他呢！盡力而為就是了。」心念才起，便聽到工作人員大聲喚他進教室，接受主考官的面試。

坐在中間的沙捷特與另二位主考老師，對眼前這位身材矮瘦，卻散發十足自信的鄉村青年從頭到腳打量一遍，沒有任何客氣的寒暄，只用手指了指擺在戴爾身旁的空椅，示意他去演「一張椅子」。

戴爾也不敢多問，默默走到椅子旁邊，將自己的兩隻手臂平行舉起，雙腿張開半蹲，兩隻眼

晴眨都不眨的直視前方。沙捷特瞄了一眼，只笑了笑，沒表示任何意見，就在他的報名表上打個大勾，決定了戴爾成為該校的新生。

　　看到後面接連幾個應試者都神色黯然的離去時，戴爾對自己能如此輕鬆就通過甄選簡直難以相信。但聽到要繳交四百美金的學費時，更讓他瞠目結舌。那可是他踏出校門工作後一分一毛積攢許久的大部分積蓄。

　　為圓明星夢，戴爾心一橫，拿出四百美金交完學費，即開始與一些後來在編、導、演都大紅

大紫的前後期同學一塊兒接受密集紮實的基礎表
演訓練課程。

　　銀行存款所剩無幾的他，和其他也是苦哈哈
的同學們合住在一間老舊不堪的小公寓裡，期待
他日能靠一部好戲鹹魚翻身。但完成兩年的嚴格
表演訓練，並不能保證一定可獲得百老匯的重要
角色，這群明日之星必需不斷爭取參加各種角色
試鏡，隨時做好可立刻接演新戲，或坦然面對通
通落空的心理準備。

　　畢業在即的戴爾，也和同期受訓的同學一樣
到處找尋試鏡機會，運氣不錯的他出乎意料順利
得到在《馬戲團的波莉》軋上一角的通知。

　　這是一齣十分有名的默劇，演員全靠面部表
情與肢體語言演出劇情。不管演什麼角色，能被
選上對戴爾而言就是種鼓勵。他付清房租，即跟
著劇團踏上為期十個多月的巡迴表演之旅。

　　首次隨團巡演的戴爾本以為這種一邊表演、
一邊還可免費到處旅行的工作很不錯，但很快就

發覺自己每天過的日子跟吉普賽遊民差不多。

劇團為節省演出開銷，要求除了男、女主角，其他所有團員均得分擔各種場務工作。從舞臺、燈光、音效到場地整理，全要幫忙處理。白天他們趁戲未開演前，先要張羅場景搭建，再來是走位、彩排；吃飯時間則吃著從小店買來的便宜三明治配涼開水下肚，頂多再抓一把花生當餐後零食就算解決一頓。

時間愈接近開演，大家在劇團經理的催促聲中上妝換衣的速度也愈快。原是熟悉的面孔，待演出時間一到，個個變成身上穿著濃重汗酸臭味的戲服，臉上塗著厚重油彩，表情誇張的小丑們。循著觀眾掌聲魚貫出場，賣力扮演被分派的角色，戴爾就夾在其中。

待表演在觀眾的掌聲與口哨聲中結束後，所有團員立即脫掉戲服，快速卸下臉上的濃妝，捲起袖子開始清場，把散亂一地的道具行頭在最短時間內按編號一一歸位打包裝箱，用車子拖到車

站。

這些耗盡體力、滿臉疲憊的團員們，就像精神不濟的夜行軍，全部擠坐在行李上頭，跟著貨車浩浩蕩蕩到火車站，等著末班火車在天亮之前把他們送到下一個演出地點。

有些團員受不了這種待遇少得可憐，加上吃不好，睡不好，沒日沒夜到處趕場的工作環境，在中途就辭演離開，有的則因勞累過度而生病無法上場。

幸好大部分日夜相處、一起吃大鍋飯的團員還是能共體時艱，在緊要關頭時願意發揮互助精神，化解一次次表演幾乎開天窗的危機。

● ☆ ● ☆ ● ☆ ●

「老師，戴爾只演了小丑，沒演過別的嗎？」

斌斌無法把小丑和自己的偶像聯想在一起。

「有啦！人手不足時，他還要客串演出馬戲團裡負責招攬客人的叫客者，也演過女主角受傷時幫她診治的醫師。」

「舞臺劇和現今電視表演不同，它是現場演出，不能有任何 NG。所以重要角色都只交給經驗老道的演員來擔綱。有句話說：『臺上十分鐘，臺下十年功』，初次隨團演出的戴爾在那時還沒資格挑大梁。」

● ☆ ● ☆ ● ☆ ●

儘管戴爾和留下的團員一樣，把吃苦當作吃補，投入所有心力跟著劇團完成整個表演行程，再回到紐約，可是這樣的巡演經驗並未為他帶來更多的表演機會。

他到百老匯每個劇

場求職面試，聽到的回答千篇一律都是：「抱歉！目前沒有適合你的角色。」

眼看曾跟他一起租屋當室友的豪爾・林賽已在戲劇界逐漸打響名號，想想自己也同樣花了二年時間和大筆金錢修課，外加十個多月的巡迴演出，卻一再被劇場以表演經驗不足拒於門外，戴爾內心十分難受。

本滿懷明星美夢，期待能在百老匯舞臺占上一席之地的他，不得不替自己下了痛苦的決定：「看來我並不是演戲的料，還是認清事實，另謀出路吧！」

寫作與教課

　　1912 年，二十四歲的戴爾放棄演藝之路，迫於經濟壓力，搬到曼哈頓西中城 56 街的廉價公寓，與緊鄰第八大道上素有「地獄廚房*」之稱的貧民窟做鄰居。他住的貧民公寓，和五光十色、愈夜愈美麗的百老匯僅數街之隔。

　　既然明星夢已碎，但總要想辦法不讓自己餓肚子才行。戴爾於是到生產高級房車的帕卡德汽車公司*應徵擔任汽車銷售員。但是沒有機械工程背景的他，只能用熱情的態度對每位來看車的

---

*地獄廚房 (Hell's Kitchen)：早年是曼哈頓島上一個著名的貧民窟，以雜亂落後的居住品質、嚴重的族群衝突與高犯罪率而聞名。

*帕卡德汽車公司 (Parkard)：是 20 世紀初美國一家生產豪華汽車的製造商。

客人做最基本的介紹：「我們的汽車配備有 six38 引擎，強制進料潤滑系統，和氣派十足的 L 型車身外觀……」若碰到客人提出有關引擎或內部結構的問題時，則答不出半個字，只得請工程技師出面代為回答。為此，戴爾常被經理叫進辦公室數落一番。

　　本應是年輕力壯、神采煥發的年紀，戴爾那對掛著眼鏡兩眼發黑的熊貓眼，和似乎很少晒太陽的蠟黃臉頰，加上穿著初看整齊細看卻透露著寒酸的衣著，擺明不管是物質或精神生活，他都過得不好。

　　每天從豪華氣派的汽車展示中心做完長達十二小時的行銷工作回家時，沿街走向他的全是滿身臭味伸手要錢的流浪漢，和大聲嬉鬧不受父母管教的孩子們。

　　打開骯髒老舊的公寓大門，迎接他的是堆積如山，令人作嘔的垃圾，和聞聲四竄的老鼠。踩上嘎嘎作響的樓梯走向自己的房間時，老鼠已比

他先一步從門縫鑽進屋去找同伴了。

環視屋內，年久失修的屋頂、被雨水滲入未曾乾過的牆面，和從垃圾場撿回來將就使用的破家具，就是戴爾現在的家。這裡也吸引了蟑螂、臭蟲、蒼蠅、螞蟻等各類髒亂愛好者前來同住。

累癱的戴爾扯下領帶，把自己丟到已凹陷的破彈簧床上，抬眼望著遊走在牆上衣帽裡的大群蟑螂，憋了許久的委屈由心底直衝腦門，扯著自己的頭髮大吼：「我到底在做什麼？這就是我來紐約的目的嗎？住在這個鬼地方，浪費生命給待遇差到日子都過不下去的公司賣車，我的夢想，我的希望在哪裡？」

他不喜歡去做那個連自己都不知怎麼解說的汽車業務員，更厭惡待在這個只會讓他頭痛欲裂、煩躁憂慮、不得安眠的斗室。

好幾次他打開房間的窗戶，探頭望向蔚藍的天空時，腦中便浮起小時候曾許下要當作家的願望。他非常崇拜英國作家湯瑪士·哈迪*，也幻

想有一天能像哈迪一樣成為家喻戶曉的作家。

「哈迪寫的是關注英國中下階層的文學作品，我何不把自己熟悉的美國中西部農民生活寫出來呢？」戴爾心想若他能將所有精力投注在寫作上，相信大家定會看到他的天賦。

「傑克・倫敦、法蘭克・諾里斯、亨利・詹姆士不也只用一枝筆和一疊紙就把自己的夢想發表成一本本膾炙人口的作品？」戴爾自許不是一個汲汲營營於金錢遊戲的人，他更想要的是如何豐富自己的生命。

再次找到人生目標後，戴爾便辭去帕卡德公司的工作，讓自己專心埋首寫作。但沒有工作就沒有收入，怎麼實現和自己心儀的作家們聚在一起暢談文學之美的夢想呢？

「總該先找個可以用到自己專長，又不會耽

＊湯瑪士・哈迪 (Thomas Hardy)：英國詩人、作家。著名代表作《遠離塵囂》。

誤寫作的工作來支撐日常生活開銷才行。」戴爾回想自己是師範學院出身，以演講見長，又有業務行銷和舞臺表演的工作資歷，自覺這些歷練幫他消除怯懦、憂慮，並賦與他勇氣和與人相處的自信。在經濟快速成長、亟需大量在職教育訓練課程的大環境裡，應該可以把它變成一種「公共演說」的教材，用來幫助人們培養敏捷的思考力，並能流利的自我表達。

　　戴爾興沖沖的備好履歷表，跑到哥倫比亞大學夜間部探詢開班授課的可行性，結果被禮貌的回絕；再轉至紐約大學做同樣的詢問，一樣不被接納。

　　雖然失望，但他仍不氣餒繼續找尋其他替代方案，偶然得知有許多工商界人士會利用晚上時間到 YMCA＊選修一些課程，幫助自己在職場上得以領先同業，保持競爭力。戴爾心想，或許去

＊YMCA：基督教青年會。

那邊教課的成功率會高一些。

一開始，YMCA 的主任對戴爾提出的開課內容並不感興趣，但願意給他機會試試。便要他在一個「社教之夜」的活動中，用其演講專長帶動現場氣氛，測試他的能力真否如自己所說。

戴爾見機不可失，使出渾身解數，發揮他在大學就具備的演說技巧，果然贏得在場賓客如雷的掌聲，主任見反應如此熱烈，便同意讓他開課。

戴爾要求主任給他一堂課二塊美金的鐘點費，但主任面有難色的說：「我們從未開過如你所提的課程，對於能吸引多少學生來上課還是個未知數。如果你要我現在就答應你提出的條件，實在很困難。」

「不如這樣吧，我們採『利潤分享制』的合作方式。我的鐘點費從學生上課人數來計算，這樣您就不必為了萬一學生人數不足，還要支付額外費用而擔心。」戴爾提出另一方案。他志在必得這份教學工作，否則作家夢沒實現前，他可能

就要因付不出房租而流落街頭了。主任想了想，便同意他的提議。

上課第一天，戴爾站上講臺，先是像對大學生講課一樣，從基礎理論說起。但學員們不是沒有反應，就是呵欠連連，頻頻看表，不甚耐煩的樣子。戴爾看在眼裡，心裡：「這可不妙！如果他們跑去向主任反映不喜歡我的課，那我就要失業了……要怎樣引起他們的興趣呢？」

戴爾靈機一動，請坐在最後一排的男同學站起來：「可否請你為大家做個簡短的即席演講？」

「即席演講？要我講什麼呢？」男同學問他。

「就談談你自己吧！與我們分享一些有關你個人的生活背景或工作經歷好不好？」戴爾這招讓學生「談論他人感興趣的話題」果然奏效。每位前來上課的學生因有說話的機會和經驗分享的參與感，而深覺獲益匪淺。得到學生肯定的戴爾，僅教了三次課就替自己賺到一晚三十美金的鐘點費，遠超過當初他向主任要求的酬勞。

　　戴爾擁有敏銳的市場觀察力。他知道來
YMCA 上課的學生都是想在最短的時間獲得學
以致用的知識，幫助自己在職場上發揮影響力，
所以從不把學院派的長篇大論放進教學內容。

　　他用平民化語言，把自身的演說本領，和曾
在戲劇學校學到的「怎麼說話、怎麼站立、怎麼
使用手勢」重新包裝成公眾演說的必備要件教給
學生。更引用名人語句強化重點，增加內容的權
威性。

　　授課過程中，他同時發現每個人都被不同程
度的憂慮畏懼困擾著，那些不知怎麼在眾人面前
講話而緊張的同學，戴爾會適時伸出溫熱的掌心
貼著他們的手說：「你只要忘記自己，就能夠自然

的暢所欲言，別管會留給別人什麼印象。*」讓學生藉由「角色扮演」一步步克服潛存於內心的弱點，並用「自信」與「自重」時時提醒想要成功卻被憂懼纏身的學生們。

●　☆　●　☆　●　☆　●

「老師，您能不能將『自信』與『自重』解釋得具體些？」斌斌想要明確一點的說法。

「『自信』 就是相信自身具有某項專長的感覺，或是信任自己對於處理某種事物的能力；『自重』則是一種自我要求。它激發自身努力去達成目標。」林老師耐心解釋。

●　☆　●　☆　●　☆　●

戴爾非常尊重每位上課學員的差異，會設法讓每位學生感到自己每天都在進步，直到自信成為他們生活的一部分。他同時要求學生把上課所學到的觀念和技巧，有意義的運用於生活中，才

＊你只要……三句：出自卡內基語錄。

能激發並增強自我肯定的價值與人生目標。

這種幫助個體實現自我追求，並有效轉化社會生產力的訓練方式，受到學生歡迎的程度連他自己都十分意外。從財力雄厚的大企業老闆，到工作失意的年輕藝術家均來向他請益，大家口耳相傳，上了戴爾‧卡內基的演講訓練會使整個人脫胎換骨。他成了 YMCA 人氣最旺的講師，收入更是直線上升至一星期五百美金。

追求完美的個性，鞭策他自己不斷試驗新的教學方法，於是逐漸發展出一套可與社會文化緊密結合的團體溝通教學概念。

為了應付外界接踵而至的演講邀約，和不斷擴充的上課班級，戴爾開始訓練助理幫忙教課。不過，他的作家夢並未因繁忙的教課工作而停擺。他利用教課的空檔到哥倫比亞大學新聞系選修寫作課程，隔年又到紐約大學修習「短篇故事寫作」的課程。指導教授十分看好他的寫作潛力，大讚戴爾一定是文壇的明日之星。

聰明的戴爾洞悉大眾心理，認為「這是個戲劇化的時代，照實敘述的做法沒人愛聽。必須把事實弄得活潑、有趣、戲劇化。如果希望得到注意，非得戲劇化不可」*。

趁著自己課程正受歡迎之際，他暫且擱下一直想要撰寫中西部農家的小說題材，轉把心力投注在教授公眾演講的內容，並用文字敘述成一篇篇振奮人心的故事案例，發表在各大暢銷雜誌。

俗諺「在家靠父母，出外靠朋友」。戴爾的事業開拓之初，除自己努力不懈，還有三位好友在不同階段適時助他一臂之力。這三個人分別是賀默‧克洛伊、法蘭克‧貝格與羅威‧湯瑪士。

與戴爾同樣從家鄉瑪麗維爾鎮到紐約打拚的賀默‧克洛伊，是活躍於紐約出版界的名人。他引介許多自己在藝文界的朋友給戴爾認識，又鼓勵他好好寫作。兩人後來成為終生的莫逆之交，是戴爾成名作《如何贏取友誼與影響他人》這本書的最佳寫照。

　　第二位是上過戴爾的課，並且身體力行他的名言「積極使自己成為行動積極者」，而使自己從失敗的棒球生涯中重新找回人生方向，成功轉行為商界名人的法蘭克・貝格*。他的故事傳到戴爾的耳裡，戴爾隨即力邀他一起接受美國青商會的安排，做巡迴演講的共同講者，成為《如何克服憂慮》的代表人物。

　　第三位是把戴爾的演講技巧學以致用在新聞廣播，成為最受聽眾賞識的新聞播報員羅威・湯瑪士。湯瑪士是位年輕且幹勁十足的新聞記者，才二十二歲就因思路敏捷、口才流利而在廣播界占有一

---

*這是個……五句：出自卡內基語錄。

*法蘭克・貝格 (Frank Bettger)：曾任美國聖路易紅雀棒球隊的三壘手。

席之地。有一次，國會議員邀他至華盛頓首府史密松寧中心演說，湯瑪士想到要在個個雄辯滔滔的政治人物面前講話，內心備感壓力，特別去紐約拜會戴爾，請求給予指點。

　　兩人見面當天，戴爾被眼前這位渾身散發迷人、積極、活力……具備所有成功者條件的青年吸引，毫不吝嗇的幫他把要三個小時才講得完的內容，濃縮成九十分鐘精華，還告訴湯瑪士：「懂得善用自己熟悉的文字語法來闡述自身經驗，才是演講的本質。」因為這段淵源，湯瑪士後來成為戴爾教授公眾演講技巧最成功的代言人，兩人也從亦師亦友的關係發展成事業伙伴。

13
撥雲見日
成為美國象徵

　　1917 年，美國宣布加入第一次世界大戰的戰局，威爾遜總統號召愛國青年從軍衛國。戴爾暫停蒸蒸日上的教育事業，同數以萬計滿腔熱血的青年們到紐約長島的厄普頓營報到，用九隻手指頭扛著槍枝，準備隨時投身戰場。

　　1918 年 11 月 7 日，戰爭宣告結束。退伍歸來的戴爾，雖回到 YMCA 積極重啟他一向叫好又叫座的演說課程，但社會上一大堆因戰爭而失業的青年縱使想去上課，也得先找到工作，才有錢支付報名費，所以招生非常辛苦。

　　正巧因報導戰地新聞而隻身前往中東的湯瑪士，必需在不到二星期的時間內，將當地拍下的珍貴紀錄片送到倫敦播出。因時間迫在眉睫，湯

瑪士想到戴爾是幫忙完成文案旁白的最佳人選，於是急電拜託他去支援。戴爾欣然接受邀約，趕到倫敦與湯瑪士合作，成功讓影片如期推出，並造成轟動。

多才多藝、具有商業頭腦的湯瑪士，趁勢把戰地紀錄片轉拍成商業電影，又繼續找戴爾幫忙管理影片巡演的大小事。這種需要勞心又勞力的工作，讓責任心強的戴爾做沒多久就因體力不堪負荷而請辭。

戴爾三十三歲時，認識了一位法國女伯爵，名叫蘿莉塔‧鮑開爾。兩人交往不久，便在歐洲結婚定居，未料甜蜜成家之後，竟是另一惡夢的開始。他與女伯爵的觀念差距太大，時常爭吵。婚姻的不幸福和遠居歐洲的不便，使戴爾只能把成人教育事業暫放一旁，寄情於小說寫作。

　　雖想用寫作來忘卻婚姻所帶給他的不快樂，
但起伏不定的心緒總牽制著他的文筆思路。他曾
為一小段文字而不斷來回塗改近四十次，腸枯思
竭到索性甩筆離桌而去。為散心，戴爾常獨自到
凡爾賽宮外的花園閒逛。眼睛看著滿園爭奇鬥豔
的繽紛花木時，腦子想的則是要如何把密蘇里老
家的鄉野景象寫進自己創作的小說裡。

　　二年的旅歐期間，終於把嘔心瀝血之作《暴
風雪》＊完成，並委託他的著作代理人向美國各出
版社洽談出版事宜。出版商看過小說後，未因作
者是著名的演講大師戴爾‧卡內基而願意出版。
代理人竭盡所能的推薦《暴風雪》，仍得不到任何
一家出版社的青睞，只好寫信告知戴爾實情，勸
他別再白費心力，甚至對他直言：「閣下顯然沒有
撰寫虛幻小說的天賦。」

　　這位一直教導別人要用勇氣、自信、熱忱來

＊暴風雪 (*Blizzard*)：卡內基首次嘗試以虛構情節撰寫的小說故事。

面對人生挑戰的名師讀完來信，心情跌至谷底，覺得自己又再度走到人生方向的十字路口。幾經仔細思考，戴爾決定從事事不順的歐洲搬回發跡的紐約。礙於當時社會的保守觀念及宗教信仰，蘿莉塔心不甘情不願的和戴爾一起回到紐約。兩人雖在同一屋簷下生活，實則早已各過各的日子，互不干涉。如此名存實亡的婚姻拖了十年又四十天後，終於正式分道揚鑣。

戴爾又回 YMCA 開課，為自己鋪設中斷已久的教育事業之路。他與紐約布魯克林區的商會合作，為會員們安排各式訓練課程。幾年光景，「卡內基訓練課程」已為他個人累積可觀的財富收入，但還是擋不住因經濟大蕭條*而造成的損失。

那幾年中，銀行倒閉、工廠歇業、百業蕭條。

排隊領救濟食品的窮人長達幾個街區，許多人無家可歸，流落街頭，因貧窮而中途輟學的學生，據估約有兩百萬至四百萬人，更有許多人因受不了身心俱疲的壓力而自殺。戴爾算是少數幾個幸運兒，投資雖然失敗，還好保住了自己居住的房子。加上手上還有點餘錢，便為自己安排一趟自認是他個人生涯中最冒險的旅程——中國之旅。

　　抱著探險好奇之心抵達上海，戴爾對這東方之珠的第一印象，是比美國大蕭條有過之而無不及的貧困與落後。那時的中國，連年戰亂，北洋軍閥於各省擁兵自重，國民政府與日本又陷入隨時開戰的緊張關係。走在有十里洋場之稱的黃浦江外灘，街上衣衫襤褸的乞丐和餓得奄奄一息的難民總是圍著他這張外國面孔行乞。坐船到北京，遠遠便看見碼頭邊的老百姓，像龍舟比賽似

＊經濟大蕭條：1929 年 10 月 29 日，美國歷史上最著名的「黑色星期二」，華爾街股市一夕崩盤，短短兩週的時間，從股市中消失的資金高達三百億美金，等於美國在一次大戰的總支出。

的使勁划著破舢舨，搶著靠近船上的廚房窗口，一字排開，張手舉著撈魚用的網子，施展各家本領，從空中攔截被拋入河裡的剩菜剩飯，再俐落的倒入竹簍。戴爾本以為他們是要拿回去餵牲畜，再定睛一看，他們的手正抓起戰利品大吃特吃，像是享受一頓從天而降的免費大餐。大街上，戴爾親眼目睹一位骨瘦如柴、無家可歸的小女孩，蹲在地上，撿著別人剛從嘴裡吐出的西瓜子，飢不擇食的放進口中，嚼得津津有味。

此情此景深深震撼他的心靈，這些在飢餓、貧病邊緣掙扎的中國老百姓，讓戴爾覺得自己實在是上帝的寵兒，心想：「我的窮困童年跟他們相比，根本算不了什麼。就算現在的訓練課程經營

失敗，好歹還可以回老家幫爸爸養牛，混口飯吃，而不致可憐如他們哪！」

一趟中國之行讓戴爾更懂感恩惜福。返回美國後，在經濟慘澹的大環境中，立志以幫助別人成長為事業經營的目標。基於商業上的考量，戴爾索性把自己的姓氏 Carnagey 改成與美國鋼鐵大王兼慈善家安德魯‧卡內基 (Andrew Carnegie) 一樣，方便大家記憶。

1936 年以戴爾‧卡內基為名的著作《如何贏取友誼與影響他人》在紐約出版界含蓄發表。戴爾把自己的著作定位為一本行動的書，以人際關係與溝通技巧為主軸，教大家如何與人相處、增進處世能力，讓自己有更豐富、快樂、滿足的人生。

書中集結許多學生因上他的課，而使自己獲得更多深厚友誼的親身經驗，外加好多名人事跡與智者賢人的名言雋語，來輔助說明「如何在工作生活中發揮正向影響力」的故事。此外，還列

了九項如何利用該書的建議，幫助讀者達到各種生活狀況的應變能力。

這本書初版的五千本，經出版商建議做為上課學生的參考書，於各上課地點有計畫的推銷下很快便賣完。與戴爾交情匪淺的廣播名人羅威‧湯瑪士，義不容辭以〈出人頭地的捷徑〉為題，幫戴爾寫了近十頁的推薦文，運用他在傳播界的管道一起為戴爾的新書大肆宣傳。有名人為其加持，使《如何贏取友誼與影響他人》的銷售需求一路追加，幾個主要大都市裡，幾乎到達人手一本的地步。

兩個月不到的時間，戴爾的書躍上《紐約時報》暢銷書排行榜第一名，熱銷盛況持續二年之久，這項僅次於《聖經》的銷量紀錄，吸引各大媒體爭相採訪，或邀寫專欄文章。從家庭聚會到名流齊聚的公開場合，《如何贏取友誼與影響他人》總是最熱門的談論話題。在景氣低迷、股市崩盤、經濟大蕭條的年代，大眾因讀了他的書而

重新燃起對生活的熱愛。

　　昔日那個貧困出身，
自卑害羞的戴爾終於
因著作熱賣、舉國皆知
的知名度和可觀的版稅收
入，使他晉身人人稱羨的
百萬富翁與社會名流之列。各地邀

請開課的信件也如雪片般飛寄至他手中。戴爾成
立自己的「卡內基溝通與人際關係訓練中心」，一
步一步朝全美各地設點立校，慕名前來上課的學
生不計其數。連全美教師協會於 1938 年的年會
上，都公認當時美國最佳的公眾演說與教學組
織，非「卡內基溝通與人際關係訓練中心」莫屬。

●　☆　●　☆　●　☆　●

　　「戴爾是不是從此就一帆風順呢？」斌斌好
奇的問。

　　「當然不是。」老師又說：「『成功者與失敗
者最大的差異在於成功者會設法由失敗中獲益，

再嘗試不同的辦法。』＊戴爾的書為他帶來名利雙收，以及成人教育之父的光環，可總還是有異議人士對他蓄意貶抑，直說那是一本了無新意的作品。他沒有因此而退縮放棄，仍是用勇氣、信心和熱忱去面對一波波橫在眼前的挑戰。」

「除了《如何贏取友誼與影響他人》外，戴爾還寫過哪些書？」斌斌問。

「以他為名的書早已不計其數，單是被直接翻譯成中文版本的著作起碼就有十本以上，是追求成功者必讀的人生寶典。一般書店都找得到。他還替自己最崇拜的美國總統亞伯拉罕・林肯寫了一本傳記，名為《你所不知道的林肯》＊。另一本《人性的優點》＊銷售量雖未超越《如何贏取友誼與影響他人》，但在 1948 年出版時，還是熱銷

＊成功者……二句：出自卡內基語錄。

＊你所不知道的林肯 (*Lincoln the Unknown*)：於 1932 年出版。

＊人性的優點 (*How to Stop Worrying and Start Living*)： 一本教人如何克服焦慮的指導手冊。

六百多萬本，登上暢銷排行榜的第二名。」老師補充說明。

● ☆ ● ☆ ● ☆ ●

已是名人的戴爾為避開媒體追逐，在《如何贏取友誼與影響他人》銷量的全盛時期，瀟灑的搭乘郵輪出航到歐洲考察。而「卡內基溝通與人際關係訓練中心」的營運，卻在他出國後每況愈下。戴爾不得不提前回國，想辦法挽救搖搖欲墜的教育事業。

為節省開支，戴爾遣散了三十五名員工，把位於曼哈頓四十二街上的辦公室遷回自家住宅，並持續到電臺做廣播教學，維持知名度。

1944 年是戴爾人生最後的重大轉捩點。他選在出版《如何贏取友誼與影響他人》八週年紀念日當天，與原先擔任他私人祕書的桃樂絲在奧克拉荷馬州土爾沙市的教堂結婚，兩人都是第二次婚姻。

同年他把「卡內基溝通與人際關係訓練中心」

轉型為經由授證許可的加盟經營模式，讓有心人可加入開辦心靈成長教育的行列，一起為需要幫助的人，提供改變人生的良方佳策。隔年，戴爾和桃樂絲以「戴爾・卡內基訓練機構」，向政府註冊為私人企業，兩夫妻分任董事長與副董事長。

1948 年，加盟「戴爾・卡內基訓練機構」的教育中心數量於美國和加拿大已達 168 所。有了桃樂絲這位賢內助幫忙打理公司業務，求好心切、要求完美的戴爾可把更多心力，專注於尋求教學上的改進空間，使每位上過卡內基訓練課程的學生，均能激發出個人獨特潛質，成為各行業中的卓越人才。

難得和戴爾一起旅行的桃樂絲，在度假郵輪上看到丈夫仍成天手不離卷的低頭用功，忍不住對他抱怨：「親愛的，我們是來度假，不是出差演講。今晚可不可以先把書放下，陪我去外面大廳跳舞？瞧別人都成雙成對的在舞池裡開心漫舞，只有我每天形單影隻的在船上閒逛，不然就是在

吧臺喝飲料，真是無聊！」

　　戴爾聽老婆如此抱怨，便想勉強自己陪她去玩。但看了下手表，驚覺早已超過平常的就寢時間，心想此時若陪太太去跳舞，第二天的作息肯定會大亂。於是好言對她說：「老婆，妳看都快午夜了，還是明天再去吧！跳舞雖是不錯的休閒活動，但妳也可以替自己找個跳舞以外的興趣呀！比如寫點可幫助妳們女性成長之類的文章嘛。」話才說完不久，戴爾便上床倒頭呼呼大睡去了。

　　本想去跳舞的桃樂絲聽老公這麼一說，覺得是個好主意，挑起了開設以自己為名的「女性個人成長系列」課程的動機。度假回來後，她便一頭栽進這項計畫的籌備工作並付諸實現，可惜努力推動了二十多年，至 1960 年代末期，終因反應不理想而取消全部課程。桃樂絲的課程雖以失敗收場，但她仍於 1953 年成功出版自己的著作《如何幫助妳的丈夫成功》。這是她首次以自身女性的觀點，為婦女們撰寫的生活手冊。五年後，她又寫

了第二本書《邁向成熟，不要變老》。在卡內基中心表現優異的學生，常會獲得這二本書做為獎勵。

●　☆　●　☆　●　☆　●

「桃樂絲和戴爾‧卡內基有沒有小孩？他們好像把精力全花在自己的公司和寫書上面。」斌斌忍不住想知道這對夫妻的家庭生活。

「他們有一個女兒叫唐娜，是上帝送給戴爾六十三歲的生日禮物。他非常疼愛女兒，一有空就牽著剛學步的唐娜，在自家泳池繞圈圈，可是若碰到客人來訪，談興大發時，就忘了她的存在。好幾次因轉身不見女兒，嚇得以為小唐娜掉進池裡。想到自己的粗心恐造成寶貝女兒的意外，便找人把游泳池填平，改造成漂亮的玫瑰花園，以一勞永逸。」

林老師又說：「戴爾一家住在紐約時，同時也

在密蘇里州買了一個農場，請親戚幫他管理，還把父母接去養老。他自己每隔兩、三個月便去農場探望年邁的雙親，順道回味兒時的農場生活。」

● ☆ ● ☆ ● ☆ ●

1955 年，身為「出版史的奇蹟」和「人際關係教育的奠基人」，戴爾對社會的貢獻和影響力，使其母校決定對這位當年沒拿到畢業文憑的傑出校友，授與創校以來的第一個榮譽學位。不料三個月後，戴爾便因病過世。堅強的桃樂絲強忍悲痛，決定把農場賣掉，自己獨自帶著年僅四歲的小唐娜繼續住在紐約，經營丈夫留下的成人教育事業。至今，「卡內基訓練機構」這塊金字招牌在全球八十多個國家，持續發揮它在道德、精神和行為準則的影響力，受惠者超過數百萬，還不斷增加中。

若問戴爾‧卡內基究竟是個什麼樣的人？他不過是位平凡出身的貧農子弟。令人敬佩的是他的思想和觀點，透過其著作和教育訓練，喚起無

數陷入迷惘者的鬥志，勇敢做自己的主人。即便已是 21 世紀，其「樂觀」、「積極」的核心價值對現今的年輕人仍具指導意義。

借用《紐約時報》刊載美國總統約翰・甘迺迪對戴爾・卡內基的表揚之詞：「由戴爾・卡內基開創並倡導的個人成功學，已成為這個時代有志青年邁向成功的階梯。通過他的教導和傳播，讓無數人明白了積極生活的意義，並由此改變了他們的命運。卡內基留給我們的不僅僅是幾本書和一所學校，其真正價值是他把個人成功的技巧傳授給了每一位嚮往成功的年輕人。……除了自由女神，卡內基精神就是美國的象徵。」

●　☆　●　☆　●　☆　●

靜靜聽著老師說完戴爾・卡內基的生命故事後，斌斌以充滿感動和信心十足的語氣告訴老師：「我知道了！我要用主動取代逃避，用樂觀面對失敗，用包容接受不同意見，用所有卡內基教的方法去實踐想要達成的目標。老師，謝謝您！」

後 記

　　一個能寫出全世界銷量排名僅次《聖經》、《毛語錄》的暢銷作家，到底是什麼樣的人？

　　坊間冠以戴爾‧卡內基的勵志書籍不勝枚舉，但介紹他個人如何從困境中奮鬥成功的故事，並未如他寫的書來得廣為人知。這位出生於美國密蘇里州鄉下的貧戶子弟，先天並無任何過人之處，反因為家庭經濟的困頓使他比一般小孩更自卑、敏感與缺少安全感。

　　戴爾從有記憶起就得幫忙家中農務直至出外謀生為止。他的一生經歷過不同階段的低潮與打擊，但都能用正面積極的心態處理逆境。除了母親樂觀嚴謹面對生活挑戰的人生觀在其成長過程中發揮相當重要的影響力外，還有強烈的宗教信仰力量支撐其對生命熱愛不輕言放棄的執著。以孟子「天將降大任於斯人也，必先苦其心志，勞

其筋骨，餓其體膚，空乏其身，行拂亂其所為，所以動心忍性，增益其所不能」來形容他的成功過程應是最貼切不過。

他以「渴望被肯定」的同理心將自身專業和經驗經由授課方式分享給大眾而得到同樣的助益。這種以幫助更多人獲得事業成功和快樂人生為出發點的教育事業，不僅促成其著作《如何贏取友誼與影響他人》在出版史上占有重要席位，更讓每一位想要成功的人，都能從他倡導的幸福人生成功學裡明白積極生活的意義，進而改變自己的命運。

卡內基 小檔案

1888 年	11 月 24 日出生於美國密蘇里州西北方的鄉下小鎮。
1893 年	全家搬至貝迪生鎮。
1894 年	六歲的戴爾·卡內基開始上小學。
1900 年	和家人一起搬至伊拉摩爾農場。
1904 年	再度搬家至華倫斯堡，並進入華倫斯堡師範學院就讀。
1908 年	華倫斯堡州立師範學院肄業。
1912 年	在紐約 YMCA 夜間部首次開課教授公眾演說與人際關係的課程。
1917 年	第一次世界大戰爆發，美國宣布參戰，卡內基投入戰場。
1921 年	與法國女伯爵結婚。
1931 年	與法國女伯爵離婚。
1936 年	《如何贏取友誼與影響他人》在紐約出版熱銷。
1944 年	與原先擔任他私人祕書的桃樂絲在奧克拉荷馬

州土爾沙市的教堂結婚。

1945 年　「戴爾・卡內基訓練機構」註冊為私人企業，
　　　　與桃樂絲分任董事長與副董事長。

1948 年　卡內基訓練機構的教育中心在美國與加拿大已
　　　　達一百六十八所。

1951 年　六十三歲時女兒唐娜出生。

1955 年　因傑出成就獲母校密蘇里師範學院頒贈榮譽學
　　　　位，同年 11 月 1 日因病去世。

參考資料

書籍

- 《卡內基每日一智》／Dale Carnegie 著；陳真譯
- 《卡內基溝通與人際關係》／Dale Carnegie 著；詹麗如譯；黑幼龍主編
- *How to Win Friends & Influence People in the Digital Age*／Dale Carnegie、戴爾‧卡內基訓練機構著
- *Dale Carnegie: The Man Who Influenced Millions*／Giles Kemp、Edward Claflin 著

藝術家系列

兒童文學叢書

文學家系列

音樂家系列

如果世界少了**藝術**、**文學**和**音樂**，

人類的心靈就成了荒涼的沙漠。

滿足了孩子的口腹之欲後，如何充實他們的**心靈世界**？

邀集海內外知名作家，全新創作，並輔以精美
插圖。文學性、知識性與視覺美感兼具，活潑
生動的文句，深入淺出的介紹40位大師的生平
事蹟，不但可增加孩子的語文能力，更是最好
的勵志榜樣。

兒童文學叢書

影響世界的人

在沒有主色，沒有英雄的年代
為孩子建立正確的方向
這是最佳的選擇

一套十二本，介紹十二位「影響世界的人」，看：

釋迦牟尼、耶穌、穆罕默德如何影響世界的信仰？

孔子、亞里斯多德、許懷哲如何影響世界的思想？

牛頓、居禮夫人、愛因斯坦如何影響世界的科學發展？

貝爾便利多少人對愛的傳遞？

孟德爾引起多少人對生命的解讀？

馬可波羅激發多少人對世界的探索？

他們曾是影響世界的人，

而您的孩子將是——

未來影響世界的人

國家圖書館出版品預行編目資料

卡內基 / 莊惠瑾著;莊河源繪.－－初版一刷.－－臺北
市: 三民, 2014
面; 公分.－－(兒童文學叢書/近代領航人物)

ISBN 978－957－14－5924－0　(平裝)

1.卡內基(Carnegie, Dale, 1888－1955) 2.傳記
3.通俗作品

781.08　　　　　　　　　　　　　　　103011177

©　卡內基

著 作 人	莊惠瑾
繪　　者	莊河源
主　　編	張燕風
企劃編輯	莊婷婷
責任編輯	莊婷婷
美術設計	林子茜
發 行 人	劉振強
著作財產權人	三民書局股份有限公司
發 行 所	三民書局股份有限公司
	地址　臺北市復興北路386號
	電話　(02)25006600
	郵撥帳號　0009998-5
門 市 部	(復北店)臺北市復興北路386號
	(重南店)臺北市重慶南路一段61號
出版日期	初版一刷　2014年7月
編　　號	S 782460

行政院新聞局登記證局版臺業字第○二○○號

ISBN　978-957-14-5924-0　(平裝)

http://www.sanmin.com.tw　三民網路書店
※本書如有缺頁、破損或裝訂錯誤,請寄回本公司更換。